ドラえもん 5分でドラ語り
ことわざひみつ話

藤子・F・不二雄／原作
藤子プロ／キャラクター監修
深谷圭助／監修

★小学館ジュニア文庫★

おもな登場人物《とうじょうじんぶつ》

のび太《た》

野比《のび》のび太《た》。勉《べん》強《きょう》と運動《うんどう》は苦手《にがて》だけど、心《こころ》やさしい少年《しょうねん》。あやとりが得意《とくい》。

ドラえもん

のび太《た》の未来《みらい》を変《か》えるため二十二世《にじゅうにせい》紀《き》からやってきた、ネコ型《がた》ロボット。ドラやきが大好《だいす》き。

ドラミ

ドラえもんの妹《いもうと》ロボット。まじめな性格《せいかく》。メロンパンが大好《だいす》き。

しずか

源《みなもと》 静香《しずか》。のび太《た》があこがれているクラスメイト。お風呂《ふろ》が大好《だいす》き。

ジャイアン

剛田武《ごうだたけし》。のび太《た》のクラスのガキ大将《だいしょう》。歌《うた》を歌《うた》うのが大好《だいす》き。

スネ夫《お》

骨川《ほねかわ》スネ夫《お》。のび太《た》のクラスメイト。家《いえ》がお金持《かねも》ち。

もくじ

◎言葉《ことば》の成《な》り立《た》ちに、いろいろな説《せつ》がある場合《ばあい》は、その中《なか》の一《ひと》つを取《と》り上《あ》げています。

「ことわざ」や、「慣用句《かんようく》（二《ふた》つ以上《いじょう》の言葉《ことば》が結《むす》びつき、決《き》まった意味《いみ》を表《あらわ》すもの）」のひみつを、教《おし》えるよ！
ことわざ博士《はかせ》

第《だい》一《いっ》章《しょう》 ことわざのひみつ

「チリつもらせ機《き》」で幸《しあわ》せいっぱい？

ない!!
もうないぞ!!
うっかりしてたなあ……。
たいへんなことになった!
今日《きょう》食《た》べるドラやき買《か》っとくのわすれてた!!
なんだ、一日《にち》くらいがまんすればいい。
がまんできなぁい!!
一日《にち》でもドラやきを食《た》べないとぼくは……、ぼくは……。
たのむ!こづかいをかして……。
ない!ない!
しかたがない。あれを使《つか》おう!
「チリつもらせ機《き》」

「チリもつもれば山《やま》となる」ということわざもあるように……。
……。
やめとこう。これははずかしいことだ。
なんだ。
ああ、ドラやき……。
ドラやき……。
ガチャン
あっちへむかってかるく打《う》ったのに。
ゴルフの練習《れんしゅう》はもっと広《ひろ》いお庭《にわ》の家《いえ》にひっこしたらやってください。
広《ひろ》いお庭《にわ》か……。
まっ、むりだろうな。
ガッチャン

ははあ、またやったか。
わざとじゃないんです。もうしませんから……。
いや、今回《こんかい》はゆるさん!!
これまでにとびこんだボールの山《やま》を見《み》ろ!!
このあき地《ち》がせまいから悪《わる》いんだ!!
そもそも日本《にっぽん》がせますぎるんだ!!
のび太《た》のせいだぞ!!
やつあたりはやめてくれ!!
ドラえもんにたのんでなんとかしろ!!
ドラえも〜〜〜ん!!

あーっ!?
ムシャムシャ
ガリガリ
ハッ
どうしたの?その大《おお》きなドラやき。
あーっ、むちゅうで使《つか》ってしまった!!
ぼくのいじきたなし。バカ!バカ!
待《ま》てよ、いったい、なにがどうなったの。
えー、つまり……、日本中《にっぽんじゅう》には何万個《なんまんこ》か何十万個《なんじゅうまんこ》のドラやきがある……。
うんうん。
そのドラやきのひとつひとつから小《ちい》さなかけらを…、
目《め》に見《み》えないほどの小《ちい》さなかけらをこの部屋《へや》に…、
集《あつ》めたのがこのドラやきなんだ。
この機械《きかい》で!?
すごい!!
でも、やっぱりいけないことだ。こんなの二度《ど》と使《つか》わない。
まあ、待《ま》てよ!

そんなになやむことないよ。見《み》えないほどのかけらを集《あつ》めたって、だれにめいわくかける？

そういってくれると気《き》がらくになるけど……。

ところで……。

ぜひその機械《きかい》を使《つか》うところを見《み》たいんだけどな。

なにを集《あつ》めるの？

そうね、たとえば……。

いま日本《にっぽん》には一億《おく》二千万《せんまん》の人《ひと》が住《す》んでいる。

ひとりからたったの一円《えん》ずつもらえば一億《おく》二千万《せんまん》円《えん》の金持《かねも》ちに……。

それはドロボーじゃないか!!

ぜったいにだめ!!

じょうだんだよ、じょうだん!!

ぼくは世《よ》の人《ひと》のために……。

ちょっとあれを見《み》て。

あのおじさん。
あの人《ひと》にフサフサの髪《かみ》の毛《け》をプレゼントしよう。多《おお》ぜいの人《ひと》から一本《ぽん》ずつもらって。
フウン……。ま、そのていどなら……。
髪《かみ》の毛《け》一人前《にんまえ》。
通行中《つうこうちゅう》のおじさんの頭《あたま》へ。
カチ
ブルーン
ワーッ
髪《かみ》の毛《け》が!!
本物《ほんもの》の毛《け》がいっぱい!!
ワーイワーイ!!
あんなによろこんでる。
人《ひと》をよろこばせるって、いいもんだね。
まあね。

じゃ、ぼくは出《で》かけるからね。

あ！それおいてってよ。

だめっ！

どうせろくなことしない。

自分《じぶん》ばっかり日本中《にっぽんじゅう》のドラやきを……。

ちゃーんとすばらしい考《かんが》えがあるんだ。

一平方《へいほう》メートルについて一平方《へいほう》ミリずつ、あわせて一平方《へいほう》キロほどまわりの土地《とち》からうちの庭《にわ》へ。

ブルーーン
ついでにブロックべいも必要《ひつよう》なだけ……。

ジャアーン
やったあ!!

見《み》わたすかぎりうちの庭《にわ》!!
ワーイワーイ!!
パパがのびのびとゴルフできるぞ。
野球《やきゅう》でもなんでもできるぞ!!
のび太球場
建設予定地
ゴルフ場建
きみたちにも使《つか》わせてあげるね。
ヒエ〜〜〜〜。
パパー、ママー。ちょっと庭《にわ》を見《み》て!
パパはお出《で》かけ。ママは手《て》がはなせません。
そうそう、今日《きょう》こそお庭《にわ》の草《くさ》むしりを……。
こないだからの約束《やくそく》でしょ!雑草《ざっそう》がのびほうだいよ!!
広《ひろ》い!!
これじゃ朝《あさ》から晩《ばん》まで毎日《まいにち》草《くさ》むしりしても追《お》っつかないや。

ごめんください！ごめんください！
はいはい。
税務署《ぜいむしょ》ですが、お宅《たく》は固定《こてい》資産税《しさんぜい》を払《はら》っておられませんな。
は？なんのことでしょう。
とぼける気《き》ですか。大口脱税《おおぐちだつぜい》だ、けしからん!!
ワィ
ワァ
ガャ
ガャ
町《まち》の中《なか》にゴルフ場《じょう》をつくるなんて非常識《ひじょうしき》な!!
断固《だんこ》反対《はんたい》!!
反対
ゴルフ場やめろ!!
中止要求
あんたのしわざね!!
なんとかしなさい!!
助《たす》けて！
たのむ！
おねがい!!
だからろくなことにならないといったんだ!!

塵《ちり》も積《つ》もれば山《やま》となる

山《やま》が多《おお》い日本《にっぽん》には、山《やま》のことわざがいっぱいあるよ！


塵《ちり》は、ごみのことではなくて、わずかな量《りょう》を表《あらわ》しているんだ。わずかな量《りょう》でも、積《つ》もり積《つ》もればたまって、山《やま》のように大《おお》きくなることから、こつこつ努力《どりょく》することの大切《たいせつ》さを教《おし》えているんだよ。

日本《にっぽん》は、国土《こくど》の六割《ろくわり》以上《いじょう》が山《やま》だから、どこに住《す》んでいる人《ひと》にとっても、山《やま》は身近《みぢか》な存在《そんざい》なんだね。

山《やま》にまつわることわざはたくさんあるよ。

たとえば、**「山高《やまたか》きが故《ゆえ》に貴《たっと》からず」**。どんなに見《み》かけがよくても、中身《なかみ》がそれに合《あ》っていなければすぐれているとはいえない。見《み》かけより中身《なかみ》が大事《だいじ》、という意味《いみ》だよ。

もう一《ひと》つ、**「枯《か》れ木《き》も山《やま》のにぎわい」**ということわざを知《し》ってるかな。

何《なに》もないよりは、枯《か》れ木《き》でもあったほうがいいっていうことから、つまらないものでもないよりましっていう意味《いみ》で使《つか》われるね。

ほかには、**「あとは野《の》となれ山《やま》となれ」**ということわざもあるね。

目先《めさき》のことが片付《かたづ》いたら、あとのことはどうなってもかまわないという意味《いみ》だよ。

田畑《たはた》を手入《てい》れしないで放置《ほうち》すれば、荒《あ》れてしまうから、野原《のはら》になってしまうかもしれないし、もしかして山《やま》になるかもしれないけれど、もうどうでもいい！　っていうこと。

山《やま》が多《おお》い日本《にっぽん》では、田畑《たはた》が作《つく》れる耕地《こうち》は大切《たいせつ》なものだから、それを放《ほう》り出《だ》してしまうのは、たいへんなことだったんだろうね。

それでもいいや、っていうぐらいの開《ひら》き直《なお》りなんだよ。

耕地《こうち》が野《の》になることはあるだろうけれど、**「山《やま》の芋《いも》が鰻《うなぎ》になる」**なんてことは、絶対《ぜったい》ないよね。

そのように、起《お》こるはずのないことが起《お》こること、特《とく》に、さえなかった人《ひと》が急《きゅう》に出世《しゅっせ》したりすることをたとえているんだ。

もう一《ひと》つ、そんなことがあるはずないよ！　っていうのが**「船頭《せんどう》多《おお》くして船山《ふねやま》に上《のぼ》る」**

だよ。

海《うみ》や川《かわ》を行《い》く船《ふね》が、山《やま》に上《のぼ》るはずないよねえ。

これは、船《ふね》の行《い》く先《さき》を決《き》める船頭《せんどう》が多《おお》いと、山《やま》に上《のぼ》るようなおかしな方向《ほうこう》に進《すす》んでしまうという意味《いみ》で、一《ひと》つの集団《しゅうだん》にリーダーがたくさんいると、物事《ものごと》はうまく運《はこ》ばないということをたとえているんだよ。

たとえば、君《きみ》が友《とも》だちと、図工《ずこう》の時間《じかん》、大《おお》きな紙《かみ》に絵《え》を描《か》く共同制作《きょうどうせいさく》をするとしよう。

「花《はな》」がテーマだとして、みんながそれぞれ、

「元気《げんき》よく咲《さ》くヒマワリを描《か》こうぜ！」

「満開《まんかい》の桜《さくら》が、きれいでいいと思《おも》うよ」

「コスモスがいっぱい咲《さ》いているところを描《か》きたい！」

って、ばらばらなことを言《い》って、誰《だれ》もゆずらなかったら、どうなる？

季節《きせつ》がわからないへんてこな作品《さくひん》ができあがるのが関《せき》の山《やま》だろうから、やっぱり船頭《せんどう》は一人《ひとり》がいいんだね。

あっ、この**「関《せき》の山《やま》」**にも「山《やま》」がつくね。

でも、山《やま》は山《やま》でもこの山《やま》は、「山車《だし》」のことなんだよ。

「山車《だし》」というのは、人形《にんぎょう》や花《はな》などのたくさんの飾《かざ》りをつけて、引《ひ》いたりかついだりする屋台《やたい》のことだよ。お祭《まつ》りのときに見《み》たことはないかな？

現在《げんざい》の三重県亀山市《みえけんかめやまし》にあった宿場《しゅくば》・関宿《せきじゅく》で作《つく》られた山車《だし》がとっても立派《りっぱ》で、もうこれ以上《いじょう》のものは作《つく》れないだろうっていうことから、ぎりぎり精《せい》いっぱいの限界《げんかい》のことをいうようになったといわれているよ。

塵《ちり》も積《つ》もれば山《やま》となる

どんなにわずかな物事《ものごと》であっても、積《つ》もり積《つ》もれば大《おお》きな物事《ものごと》になる。

ホコリの山《やま》
うわっ!! なにこれ!?
机《つくえ》の上《うえ》のホコリを集《あつ》めたんだ。
いやあ、意外《いがい》と積《つ》もるものだね。
ホコリが積《つ》もるほど勉強《べんきょう》してないだけでしょ。
しみじみ

あうんの呼吸《こきゅう》

セットになっている言《こと》葉《ば》の意味《いみ》、いくつ知《し》っているかな？


神社《じんじゃ》で狛犬《こまいぬ》を見《み》たことがあるかな。

二体《にたい》で一対《いっつい》になっていて、片方《かたほう》の狛犬《こまいぬ》は口《くち》を開《あ》け、もう片方《かたほう》の狛犬《こまいぬ》は閉《と》じているものが多《おお》いね。


この狛犬《こまいぬ》の口《くち》の形《かたち》は、開《あ》けているほうを「あ」、閉《と》じているほうを「うん」というよ。

「あ」って言《い》うときは息《いき》を吐《は》いて、口《くち》を閉《と》じたときは息《いき》を吸《す》うからね。

「あ」と「うん」が、息《いき》を吐《は》く「呼気《こき》」と、息《いき》を吸《す》う「吸気《きゅうき》」という言葉《ことば》と結《むす》びついて、**「あうんの呼吸《こきゅう》」**という、二人《ふたり》が息《いき》を合《あ》わせることをたとえる言葉《ことば》ができたんだ。

「あ」と「うん」みたいに、セットになるものを使《つか》って何《なに》かをたとえる言葉《ことば》には**「われ鍋《なべ》にとじぶた」**があるよ。

とじぶたは、とじているふたじゃなくて、修理《しゅうり》をしたふたのことだよ。壊《こわ》れた鍋《なべ》にも、それに合《あ》う修理《しゅうり》したふたがあることから、どんなつまらないものにもぴったり合《あ》うものがあるっていう意味《いみ》の言葉《ことば》ができたんだ。それが、似《に》た者《もの》どうしがいっしょになればうまくいく、という意味《いみ》でも使《つか》われるようになっていったよ。

二《ふた》つのものをくらべて、全然違《ぜんぜんちが》うことを強調《きょうちょう》するときによく使《つか》うのは、**「月《つき》とすっぽん」**という言葉《ことば》だね。

すっぽんは、亀《かめ》の一種《いっしゅ》だよ。お月《つき》さまと比《くら》べると、丸《まる》いという点《てん》では似《に》ているけれど、それ以外《いがい》はまったく違《ちが》うよね。

「月《つき》とすっぽん」とほぼ同《おな》じ意味《いみ》で使《つか》われるのは**「雲泥《うんでい》の差《さ》」**。こちらは、天《てん》と地《ち》ほども違《ちが》う、ということだよ。

もう一《ひと》つ、とってもいいものから一番悪《いちばんわる》いものまで、という意味《いみ》で**「ピンからキリまで」**とよくいうけれど、「ピン」と「キリ」ってなんだろう？

実《じつ》はこの二《ふた》つの言葉《ことば》は、両方《りょうほう》とも、ポルトガルという国《くに》の言葉《ことば》がもとになっているといわれているよ。

「ピン」は、昔《むかし》のカルタやさいころなどの「一《いち》」の数《かず》、または一番《いちばん》のもののこと。

「キリ」は、「十字架《じゅうじか》」「十字形《じゅうじけい》」という意味《いみ》の「クルス」が変化《へんか》した言葉《ことば》で、十《じゅう》、または最後《さいご》のもののことをいうんだって。

外来語《がいらいご》がもとになっている言葉《ことば》だから、平仮名《ひらがな》より片仮名《かたかな》で書《か》くほうがしっくりくるんだね。

あうんの呼吸《こきゅう》

二人《ふたり》の気持《きも》ちや動《うご》きがぴったりと合《あ》っていること。

息《いき》ぴったり
ドラえも〜ん!!
ハイ、「タケコプター」
まて、コラッ!!
ホッ。
あうんの呼吸《こきゅう》で助《たす》かったよ。
サッ

棚《たな》からぼたもち

食《た》べ物《もの》にまつわることわざっていっぱいあるね！

棚《たな》から落《お》ちてきたぼたもちが、ちょうど開《あ》けていた口《くち》に入《はい》るように、幸運《こううん》が思《おも》いがけず偶然《ぐうぜん》に舞《ま》い込《こ》むことをたとえている言葉《ことば》だね。

ほかに、おもちが出《で》てくることわざといえば、まず**「もちはもち屋《や》」**だね。しろうとがつくより、もち屋《や》さんがついたおもちのほうがおいしいことから、なんでも専門家《せんもんか》に任《まか》せるのがいいよねっていう意味《いみ》なんだ。

もう一《ひと》つ、おもちに関係《かんけい》する言葉《ことば》を紹介《しょうかい》するよ。

「絵《え》に描《か》いたもち」は、絵《え》に描《か》いたおもちが食《た》べられないように、どんなに立派《りっぱ》でも役《やく》に立《た》たないもののことや、実現《じつげん》することはない計画《けいかく》をたとえているんだ。食《た》べ物《もの》を使《つか》って何《なに》かをたとえた言葉《ことば》は、ほかにもいろいろあるよ。

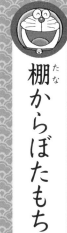

「うどの大木《たいぼく》」は、見《み》かけばかり大《おお》きくて、役《やく》に立《た》たない人《ひと》のことをたとえているんだ。うどは、若《わか》い芽《め》がおいしい野菜《やさい》。茎《くき》は大《おお》きく育《そだ》つけれど、育《そだ》ちすぎるとかたくなって食《た》べられないし、かといって材木《ざいもく》にもならないから、こんな言葉《ことば》ができたんだね。

反対《はんたい》に、体《からだ》は小《ちい》さくても、気性《きしょう》がするどく才能《さいのう》がすぐれているという意味《いみ》の**「山椒《さんしょう》は小《こ》粒《つぶ》でもぴりりと辛《から》い」**という言葉《ことば》もあるよ。

山椒《さんしょう》の実《み》は、古《ふる》くから使《つか》われてきたスパイス。五十円玉《ごじゅうえんだま》の穴《あな》より少《すこ》し大《おお》きいぐらいの、小《ちい》さな実《み》なんだけど、とても辛《から》いことから、できた言葉《ことば》なんだよ。

「雨後《うご》のたけのこ」は、雨《あめ》が降《ふ》ったあとに、たけのこがどんどん生《は》えてくることから、同《おな》じようなものが次々《つぎつぎ》と現《あらわ》れる、という意味《いみ》なんだ。

竹《たけ》はとても成長《せいちょう》の速《はや》い植物《しょくぶつ》で、一日《いちにち》に一《いち》メートル以上育《いじょうそだ》つものもあるんだって。だからぐんぐん成長《せいちょう》する様子《ようす》を**「たけのこの育《そだ》つよう」**とたとえたりもするんだ。

たけのこは漢字《かんじ》で「筍《たけのこ》」と書《か》くんだけど、「旬《じゅん》（十日間《とおかかん》）で竹《たけ》になるから筍《たけのこ》」とおぼえると、意味《いみ》もぴったりだし、おぼえやすいよ。

「たけのこ」が入《はい》る言葉《ことば》に**「たけのこ医者《いしゃ》」**というのがあるんだけど、どういう意味《いみ》かわかるかなあ。

下手《へた》な医者《いしゃ》のことを「やぶ医者《いしゃ》」っていうよね。「やぶ」は「藪《やぶ》」という、竹《たけ》が生《お》い茂《しげ》っているところを指《さ》す漢字《かんじ》をあてることが多《おお》いんだ。たけのこは竹《たけ》になる前《まえ》のものだから、藪《やぶ》にはなれないよね。そこから、「やぶ医者《いしゃ》よりもっと下手《へた》な医者《いしゃ》」という意味《いみ》になったんだって。

棚《たな》からぼたもち

思《おも》いがけない幸運《こううん》がころがりこんでくること。

当選《とうせん》しました！
おめでとう！一等賞《いっとうしょう》!!
カランカラン
やったあ!!
まさに「たなぼた」だね！
景品《けいひん》は学習《がくしゅう》ドリルセット一年分《いちねんぶん》!!
ガクッ
嬉《うれ》しくない「たなぼた」だね……。

ごまめの歯《は》ぎしり

いろいろな魚《さかな》のことわざと言葉《ことば》だよ！

ごまめは、カタクチイワシという魚《さかな》の干物《ひもの》のことだよ。

カタクチイワシは、成長《せいちょう》しても体長《たいちょう》が十五《じゅうご》センチメートルぐらいにしかならない、小《ちい》さな魚《さかな》なんだ。

そんな小《ちい》さな魚《さかな》が歯《は》ぎしりしてくやしがったり怒《おこ》ったりしたって、大《おお》きな魚《さかな》にかなうはずもないことから、実力《じつりょく》のない者《もの》がくやしがる様子《ようす》にたとえられるようになったんだよ。

ごまめは、田《た》んぼの肥料《ひりょう》にも使《つか》われていたことから、ごまめそのものや、ごまめを甘辛《あまから》く煮《に》たものを「田作《たづく》り」と呼《よ》ぶようになったんだよ。

新《あたら》しい年《とし》の豊作《ほうさく》を願《ねが》って、おせち料理《りょうり》にも入《い》れられているよね。

日本《にっぽん》では昔《むかし》から魚《さかな》を食《た》べてきたから、魚《さかな》に関係《かんけい》することわざや言葉《ことば》も多《おお》いよ。

「海老《えび》で鯛《たい》を釣《つ》る」は、小《ちい》さなえさで大物《おおもの》を釣《つ》り上《あ》げることだね。

それが、少《すこ》しのお金《かね》や苦労《くろう》で始《はじ》めたことが、大《おお》きな成功《せいこう》につながることをいうようになったよ。

鯛《たい》は、縁起《えんぎ》のいい赤《あか》い色彩《しきさい》や味《あじ》の良《よ》さで貴重《きちょう》とされていて、昔《むかし》から晴《は》れの場《ば》やお祝《いわ》いの席《せき》などに出《だ》されてきたんだ。

だからこそ、すぐれたものは、いたんでだめになってもまだ値打《ねう》ちがある、という意味《いみ》の**「腐《くさ》っても鯛《たい》」**という言葉《ことば》も生《う》まれたんだね。

「とどのつまり」は、魚《さかな》に関係《かんけい》なさそうだけど、ボラという魚《さかな》の別名《べつめい》「とど」からできた言葉《ことば》だという説《せつ》があるよ。

イナダがワラサになってブリになるように、ボラも体《からだ》が大《おお》きくなると名前《なまえ》が変《か》わるんだ。

こういう魚《さかな》を出世魚《しゅっせうお》というんだよ。

トドは、これ以上大《いじょうおお》きくならないというボラの最終的《さいしゅうてき》なサイズの名前《なまえ》だから、「とどのつまり」が「結局《けっきょく》」とか、「行《い》き着《つ》くところ」という意味《いみ》で使《つか》われるようになったと、いわれているんだ。

もう一《ひと》つ、「**逃《に》がした魚《さかな》は大《おお》きい**」は、釣《つ》りそこなった魚《さかな》を、実物《じつぶつ》より大《おお》きかったように思《おも》うことから、一度《いちど》手《て》に入《い》れかけたものを失《うしな》うと、実際《じっさい》よりもすばらしいものだったように思《おも》うことをたとえているんだ。

たとえば、福袋《ふくぶくろ》を買《か》いに行《い》って行列《ぎょうれつ》に並《なら》んだとして、あと一人《ひとり》っていうところで売《う》り切《き》れちゃったら……。

きっと、逃《に》がした魚《さかな》は大《おお》きい、と思《おも》うんじゃないかな。

ごまめの歯《は》ぎしり

もともとかなうはずのない者《もの》がくやしがったり、残念《ざんねん》がったりすること。

あと10点《てん》

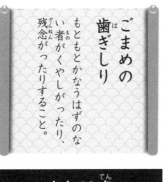

犬猿《けんえん》の仲《なか》

犬《いぬ》と猿《さる》はなぜ仲《なか》が悪《わる》いのか？　十二支《じゅうにし》のお話《はなし》を紹介《しょうかい》するよ！

犬《いぬ》と猿《さる》のように仲《なか》が悪《わる》いことだね。でも、犬《いぬ》と猿《さる》って本当《ほんとう》に仲《なか》が悪《わる》いのかな？「何年《なにどし》生《う》まれ？」とか「今年《ことし》は何年《なにどし》」などと話題《わだい》にする「子《ね》（ねずみ）、丑《うし》、寅《とら》、卯《う》（うさぎ）、辰《たつ》、巳《み》（へび）、午《うま》、未《ひつじ》、申《さる》、酉《とり》、戌《いぬ》、亥《い》（いのしし）」の十二支《じゅうにし》は、その年《とし》を代《だい》表《ひょう》する動物《どうぶつ》だよね。

犬《いぬ》と猿《さる》がなぜ仲《なか》が悪《わる》いといわれているかについては、いくつか考《かんが》えかたがあるんだけど、十二支《じゅうにし》がどんなふうに選《えら》ばれたかっていう民話《みんわ》がもとになっているともいわれているんだ。

昔《むかし》、ある年《とし》の大《おお》みそかに、神様《かみさま》が動物《どうぶつ》たちを集《あつ》めて言《い》ったんだ。

「明日《あした》の朝《あさ》、新年《しんねん》のあいさつをしにきなさい。最初《さいしょ》に来《き》た者《もの》から十二番目《じゅうにばんめ》に来《き》た者《もの》まで、それぞれに一年《いちねん》ずつ与《あた》えよう」

動物《どうぶつ》たちははりきって、

「自分《じぶん》こそ、一番乗《いちばんの》りをして、最初《さいしょ》の年《とし》をもらおう！」

と、次《つぎ》の朝《あさ》は、夜明《よあ》け前《まえ》の暗《くら》いうちから出発《しゅっぱつ》したよ。

一番早《いちばんはや》く出発《しゅっぱつ》してやってきた牛《うし》が一番《いちばん》のり！　かと思《おも》ったら、その牛《うし》の体《からだ》にこっそり乗《の》って移動《いどう》し、ゴール直前《ちょくぜん》でひょいと降《お》りて先《さき》に到着《とうちゃく》したねずみが、最初《さいしょ》の年《とし》をもらっちゃったんだ。

猿《さる》と犬《いぬ》は、先《さき》を争《あらそ》いけんかをしていたのでなかなかゴールできず、かろうじて十二支《じゅうにし》には入《はい》ったものの、そのときからずっと仲《なか》が悪《わる》いままだという話《はなし》だよ。

ところで、なんで十二支《じゅうにし》に猫《ねこ》がいないのか、疑問《ぎもん》に思《おも》ったことはないかな？　民話《みんわ》によると、神様《かみさま》にあいさつをする日《ひ》は一月二日《いちがつふつか》だよ、とねずみが猫《ねこ》に教《おし》えたんだって。一日遅《いちにちおそ》く教《おし》えて、ライバルを減《へ》らしたんだね。

そのため、猫《ねこ》は間《ま》に合《あ》わず、十二支《じゅうにし》に入《はい》れなかったんだ。

猫《ねこ》は今《いま》でもそれを恨《うら》んでいるから、ねずみを見《み》かけると飛《と》びかかっていくんだといわれているよ。

最後《さいご》に、犬《いぬ》と猿《さる》のことわざを、もう一《ひと》つずつ紹介《しょうかい》しようね。

「犬《いぬ》も歩《ある》けば棒《ぼう》に当《あ》たる」。動《うご》き回《まわ》れば思《おも》わぬ幸運《こううん》に出合《であ》うこともある、という意味《いみ》と、何《なに》かをしようとすると、それだけ多《おお》くの災難《さいなん》にあう、という二《ふた》つの意味《いみ》があるよ。

「猿《さる》に木登《きのぼ》り」。そのことをよく知《し》っている人《ひと》に教《おし》えようとするような、無駄《むだ》なことのたとえ。

木登《きのぼ》りの上手《じょうず》な猿《さる》に、わざわざそれを教《おし》えるのは確《たし》かに無駄《むだ》だよね。

犬猿《けんえん》の仲《なか》

ものすごく仲《なか》が悪《わる》いようす。

当《あ》たるも八卦《はっけ》当《あ》たらぬも八卦《はっけ》

「八卦《はっけ》」という言葉《ことば》にまつわる物語《ものがたり》を紹介《しょうかい》するよ！

「八卦《はっけ》」とは、昔《むかし》の中国《ちゅうごく》の占《うらな》い「易《えき》」で使《つか》われた、八《やっ》つの図形《ずけい》のこと。そこから転《てん》じて、占《うらな》いそのもののこともいうようになったよ。

占《うらな》い師《し》のことを「八卦見《はっけみ》」というのは、ここからきているんだね。

占《うらな》いは、当《あ》たることもあれば当《あ》たらないこともあるんだから、悪《わる》い結果《けっか》が出《で》ても気《き》にしないほうがいいというのが**「当《あ》たるも八卦《はっけ》当《あ》たらぬも八卦《はっけ》」**なんだ。

八卦《はっけ》は、占《うらな》いで使《つか》う木片《もくへん》を組《く》み合《あ》わせて作《つく》った形《かたち》なんだけど、これは「天《てん》、沢《たく》、火《か》、雷《らい》、風《ふう》、水《すい》、山《さん》、地《ち》」という八《やっ》つの自然現象《しぜんげんしょう》を象徴《しょうちょう》しているともいわれているんだ。

古《ふる》い中国《ちゅうごく》の物語《ものがたり》『西遊記《さいゆうき》』に、神様《かみさま》が薬《くすり》を作《つく》る、「八卦炉《はっけろ》」という八角形《はっかくけい》の炉《ろ》（物質《ぶっしつ》を高温《こうおん》で加熱《かねつ》したり溶《と》かしたりするための装置《そうち》）が出《で》てくるんだけど、その炉《ろ》の中《なか》は「風《ふう》」

んだよ。

主人公《しゅじんこう》である孫悟空《そんごくう》は、八卦炉《はっけろ》の中《なか》に閉《と》じ込《こ》められて、焼《や》き殺《ころ》されそうになってしまうらなんだ。

なぜかというと、神様《かみさま》が大事《だいじ》にしていた仙丹《せんたん》という薬《くすり》や、貴重《きちょう》な桃《もも》を食《た》べてしまったか
この薬《くすり》や桃《もも》には不思議《ふしぎ》な力《ちから》があって、それを食《た》べると、刀《かたな》で切《き》られても、やりで突《つ》かれても平気《へいき》な体《からだ》になれるんだ。

大暴《おおあば》れする悟空《ごくう》をやっとつかまえた神様《かみさま》は、

「無敵《むてき》の身《み》とはいえ、この中《なか》で薬《くすり》といっしょに焼《や》いてやれば、灰《はい》になってしまうだろう」

と言《い》って、悟空《ごくう》を八卦炉《はっけろ》の中《なか》に閉《と》じこめ、四十九日間《しじゅうくにちかん》、炎《ほのお》であぶり続《つづ》けたんだ。

「さあ、薬《くすり》ができたし、あいつも灰《はい》になったにちがいない」

と、神様《かみさま》が炉《ろ》を開《あ》けると、中《なか》から、目《め》を真《ま》っ赤《か》にした悟空《ごくう》が飛《と》び出《で》てきたよ！

「ややっ！　どうして灰《はい》になっていないのだ？」

「八卦炉《はっけろ》の中《なか》は、八《やっ》つに分《わ》かれているだろう？　風《ふう》の方角《ほうがく》に隠《かく》れていたから、風《かぜ》のおかげ

で火《ひ》が届《とど》かずに助《たす》かったというわけさ！　でも、煙《けむり》で目《め》がこんなに赤《あか》くなっちゃったじゃないか！　どうしてくれるっ！」

って怒《おこ》って、また大暴《おおあば》れしたんだよ。

このあと悟空《ごくう》は、天竺《てんじく》（今《いま》のインド）にお経《きょう》を取《と》りに行《い》く旅《たび》の途中《とちゅう》だった三蔵法師《さんぞうほうし》の弟《で》子《し》になって、妖怪《ようかい》の沙悟浄《さごじょう》、猪八戒《ちょはっかい》といっしょにいろいろな冒険《ぼうけん》をするんだ。

冒険《ぼうけん》ができたのは、八卦炉《はっけろ》の中《なか》が八《やっ》つに分《わ》かれていたおかげだね！

当《あ》たるも八卦《はっけ》
当《あ》たらぬも八卦《はっけ》

占《うらな》いは当《あ》たることもあれば当《あ》たらないこともあるものだから、悪《わる》い結果《けっか》を気《き》にすることはない。

当《あ》たる？　当《あ》たらない？

本《ほん》でトランプ占《うらな》いをおぼえたのよ。
へえ！占《うらな》いって当《あ》たるの？
だからそれを今《いま》占《うらな》っているの。
ズルッ

足《あし》もとから鳥《とり》が立《た》つ

驚《おどろ》いた様子《ようす》を表《あらわ》す言葉《ことば》を集《あつ》めてみたよ！

足《あし》もとから急《きゅう》に鳥《とり》が飛《と》び立《た》って、その音《おと》で人《ひと》のほうが驚《おどろ》いちゃう状態《じょうたい》のことを、**「足《あし》もとから鳥《とり》が立《た》つ」**っていうんだ。

身近《みぢか》なところで意外《いがい》なことが起《お》こって驚《おどろ》く、という意味《いみ》で「となりの家《いえ》に空《あ》き巣《す》が入《はい》ったらしい。まさに、足《あし》もとから鳥《とり》が立《た》つだなあ」というように使《つか》うんだ。

急《きゅう》に何《なに》かを思《おも》いついて始《はじ》めるっていう別《べつ》の意味《いみ》もあるよ。

「寝耳《ねみみ》に水《みず》」という表現《ひょうげん》も、突然《とつぜん》思《おも》いがけないことがあったときに使《つか》うよね。

寝《ね》ているときに耳《みみ》に水《みず》が入《はい》っちゃったから驚《おどろ》く……ということではなく、もともとは、寝《ね》ているときに大水《おおみず》が出《で》て、その水《みず》の音《おと》を耳《みみ》にしてびっくりする様子《ようす》を表《あらわ》していたんだ。

もう一《ひと》つ、**「青天《せいてん》のへきれき」**という言葉《ことば》もあるね。

「へきれき」は雷《かみなり》のこと。青《あお》く晴《は》れた空《そら》に突然《とつぜん》、雷《かみなり》がおこる様子《ようす》から、思《おも》いがけず何《なに》かがおこることをいうようになったんだ。

ほかにも、驚《おどろ》いたことを表《あらわ》す言葉《ことば》には、おもしろいものがあるんだ。

「驚《おどろ》き桃《もも》の木《き》山椒《さんしょ》の木《き》」って、リズムがいいでしょう？

それもそのはず、桃《もも》の木《き》と山椒《さんしょう》の木《き》には特別《とくべつ》な意味《いみ》はなく、「驚《おどろ》き」の「き」と「木《き》」を重《かさ》ねて、リズムのよさを出《だ》した語呂合《ごろあ》わせなんだよ。

「ぶったまげる」とか「おったまげる」の「たまげる」は、漢字《かんじ》で書《か》くと「魂消《たまげ》る」なんだよ。読《よ》んで字《じ》のとおり、魂《たましい》が消《き》えるほど驚《おどろ》くっていう意味《いみ》だね。

「たまげる」の前《まえ》にある「ぶっ」とか「おっ」は、強調《きょうちょう》するためについているだけで、特《とく》別《べつ》な意味《いみ》はないんだ。

「度肝《どぎも》を抜《ぬ》く」の「度《ど》」も、同《おな》じだよ。

「肝《きも》」は心臓《しんぞう》とか肝臓《かんぞう》などの内臓《ないぞう》のこと。昔《むかし》は内臓《ないぞう》に心《こころ》があると考《かんが》えられていたんだ。

そこから、肝《きも》が心《こころ》や気力《きりょく》、精神力《せいしんりょく》を表《あらわ》す言葉《ことば》になり、「度肝《どぎも》を抜《ぬ》かれた」は、あまりに驚《おどろ》かされて、気力《きりょく》や心《こころ》が抜《ぬ》けてしまった、という意味《いみ》になるんだよ。

「肝《きも》」を使《つか》った「**肝《きも》をつぶす**」も、同《おな》じく驚《おどろ》くという意味《いみ》の言《い》いかたなんだ。「**腰《こし》を抜《ぬ》かす**」や、「**開《あ》いた口《くち》がふさがらない**」「**目玉《めだま》が飛《と》び出《で》る**」は、驚《おどろ》いたときの体《からだ》の様子《ようす》の表現《ひょうげん》だね。ものすごく驚《おどろ》いたら、たしかに腰《こし》が抜《ぬ》けたり、口《くち》がぽかんと開《あ》いたままになりそう。

目玉《めだま》が飛《と》び出《で》るはずはないけど、びっくりしたときって、目《め》を大《おお》きく見開《みひら》くから、なるほどって思《おも》うたとえだよね。

足《あし》もとから鳥《とり》が立《た》つ

突然《とつぜん》身近《みぢか》に思《おも》いがけないことが起《お》こる。または、急《きゅう》に思《おも》い立《た》って何《なに》かを始《はじ》める。

ちょっとちがう？
のび太《た》さんは、「足《あし》もとから鳥《とり》が立《た》つ」ような経験《けいけん》があるの？
あるある！台所《だいどころ》でゴキブリをふんづけた時《とき》…、
あの時《とき》は、足《あし》もとから鳥肌《とりはだ》がたったよ。
ゾワワ
それ、ちょっとことわざと意味《いみ》がちがうわ。

能《のう》ある鷹《たか》は爪《つめ》を隠《かく》す

鷹《たか》の、強《つよ》そうなことわざと弱《よわ》そうなことわざを紹介《しょうかい》！

鷹《たか》は、生《い》きた動物《どうぶつ》をつかまえて食《た》べるため、空《そら》を飛《と》びながら、いつも鋭《するど》い目《め》で獲物《えもの》を狙《ねら》っているんだ。空《そら》のハンターって感《かん》じだね。

空高《そらたか》く飛《と》びながら獲物《えもの》を探《さが》し、見《み》つけたら狙《ねら》いを定《さだ》めて猛《もう》スピードで近《ちか》づき、いよいよつかまえる瞬間《しゅんかん》、その獲物《えもの》に足《あし》を向《む》け、大《おお》きく鋭《するど》い爪《つめ》でぎゅっととらえてしまうんだ。

こうなったら、狙《ねら》われたほうは、もう逃《に》げられない。

鷹《たか》にとって爪《つめ》は最強《さいきょう》の武器《ぶき》なんだね。

でも、狩《か》りの能力《のうりょく》の高《たか》い鷹《たか》ほど、ふだんは爪《つめ》を隠《かく》して、ひけらかしたりしないという意《い》味《み》だよ。

実力《じつりょく》や能力《のうりょく》のある人《ひと》は、それをひけらかさない、ということをたとえているんだ。

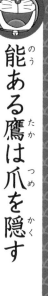

鷹《たか》の種類《しゅるい》の一《ひと》つである、熊鷹《くまたか》に関《かん》する言《い》い伝《つた》えからできたことわざには**「欲《よく》の熊鷹《くまたか》股裂《またさ》ける」**というのがあるよ。

熊鷹《くまたか》が、二頭《にとう》の猪《いのしし》を見《み》つけて、右足《みぎあし》と左足《ひだりあし》で一頭《いっとう》ずつ猪《いのしし》をつかまえようとしたら、二頭《にとう》が別々《べつべつ》の方向《ほうこう》に逃《に》げて股《また》が裂《さ》けちゃった、っていう言《い》い伝《つた》えだよ。

どちらの獲物《えもの》も放《はな》すもんか！　と、つかみ続《つづ》けた根性《こんじょう》はすごいけれど、あんまり欲張《よくば》ると痛《いた》い目《め》にあってしまうよってことわざなんだね。

猪《いのしし》すら怖《こわ》がらない鷹《たか》は、見《み》るからに立派《りっぱ》で強《つよ》そうなんだけど、逆《ぎゃく》に弱《よわ》そうな鷹《たか》の言葉《ことば》もあるんだよ。

みじめな様子《ようす》をたとえる**「尾羽《おは》うち枯《か》らす」**という言葉《ことば》があるよね。

尾《お》と羽《はね》があるから、これは鳥《とり》のこと、それも鷹《たか》のことなんだ。

立派《りっぱ》な鷹《たか》の尾《お》や羽《はね》が傷《きず》ついて、みすぼらしくなった様子《ようす》を、人《ひと》の落《お》ちぶれた様子《ようす》にたとえているんだ。

立派《りっぱ》で強《つよ》そうな鳥《とり》といえば、ほかに鷲《わし》もいるよね。

でも、この鷹《たか》と鷲《わし》、実《じつ》は同《おな》じ仲間《なかま》だって知《し》っているかな。

鷹《たか》と鷲《わし》は、同《おな》じタカ目《もく》タカ科《か》に属《ぞく》しているから、生物学上《せいぶつがくじょう》は同《おな》じ仲間《なかま》なんだ。大《おお》きなものを鷲《わし》、小《ちい》さなものを鷹《たか》と呼《よ》んでいるんだよ。

もう一《ひと》つ、平凡《へいぼん》な親《おや》が優秀《ゆうしゅう》な子《こ》どもを生《う》むことを**「鳶《とび》が鷹《たか》を生《う》む」**というけれど、なんと！　この鳶《とび》も同《おな》じタカ目《もく》タカ科《か》なんだ。

鳶《とび》と鷹《たか》は、大《おお》きさがたいして変《か》わらないから、区別《くべつ》がつきにくいけど、ピーヒョロローって鳴《な》いて、羽《は》ばたかないのが鳶《とび》って覚《おぼ》えておくと見分《みわ》けられるよ。

能《のう》ある鷹《たか》は爪《つめ》を隠《かく》す

本当《ほんとう》に能力《のうりょく》や才能《さいのう》がある人《ひと》は、むやみやたらにそれを見《み》せびらかしたりしない。

歌《うた》わないジャイアン
本当《ほんとう》に才能《さいのう》のある人《ひと》は、ふだんそれを人《ひと》に見《み》せないんだって。
フムフム、なるほど。
オレ、もうリサイタルはやらないことにするぞ!!
しめしめ、うまくひっかかったぞ。

鶴《つる》の一声《ひとこえ》

鶴《つる》と亀《かめ》の長生《ながい》き対決《たいけつ》、勝《か》つのはどっち!?

鶴《つる》の鳴《な》き声《ごえ》はかん高《だか》くて大《おお》きいことから、大勢《おおぜい》が相談《そうだん》をしているときに、一人《ひとり》の有力者《ゆうりょくしゃ》の発言《はつげん》によって物事《ものごと》が決《き》まってしまう様子《ようす》をいう言葉《ことば》だよ。

今《いま》、鶴《つる》は天然記念物《てんねんきねんぶつ》になるほど、珍《めずら》しい鳥《とり》だよね。

でも、**「はきだめに鶴《つる》」**っていうことわざもあるくらいだから、昔《むかし》は、あちこちに鶴《つる》がいたってことだよね。はきだめというのは、ごみ捨《す》て場《ば》のことなんだ。ごみ捨《す》て場《ば》に美《うつく》しい鶴《つる》がいるように、むさくるしい人《ひと》たちの中《なか》にきれいな人《ひと》がいたり、多《おお》くのつまらないものの中《なか》に素晴《すば》らしいものがあるというたとえなんだよ。

鶴《つる》は、折《お》り紙《がみ》で作《つく》るものの中《なか》で、一番《いちばん》といっていいぐらい有名《ゆうめい》だし、昔《むかし》はかなり身近《みぢか》な鳥《とり》だったんだろうね。

さらにいえば、驚《おどろ》いちゃうことに、昔《むかし》は鶴《つる》を食《た》べていたらしいよ。高級食材《こうきゅうしょくざい》だったから、普通《ふつう》の人《ひと》は食《た》べられないものだっただろうけど。

鶴《つる》は、日本《にっぽん》では古《ふる》くから亀《かめ》とともに、縁起《えんぎ》のいいものとして扱《あつか》われていたんだ。今《いま》でもお祝《いわ》いの席《せき》などで**「鶴《つる》は千年《せんねん》、亀《かめ》は万年《まんねん》」**ということわざが使《つか》われるよ。鶴《つる》は千年《せんねん》、亀《かめ》は一万年生《いちまんねんい》きるという、長生《ながい》きでめでたいことのたとえなんだよ。

昔《むかし》から、亀《かめ》も鶴《つる》も不思議《ふしぎ》な力《ちから》をもっていると考《かんが》えられていたので、

「鶴《つる》の声《こえ》を聞《き》くと、よいことがおこる」

「亀《かめ》に酒《さけ》を飲《の》ませて海《うみ》に放《はな》すと、大漁《たいりょう》になる」

などとも言《い》われていたんだ。

不吉《ふきつ》なことを見《み》たり聞《き》いたりしたとき、おまじないとして**「鶴亀鶴亀《つるかめつるかめ》」**と唱《とな》えることもあったよ。

亀《かめ》のことわざといえば、**「亀《かめ》の甲《こう》より年《とし》の功《こう》」**というのがあるね。

「年《とし》を重《かさ》ねた人《ひと》には経験《けいけん》があるので、その分《ぶん》、若《わか》い人《ひと》にない知恵《ちえ》がある」

という意味《いみ》なんだ。年長《ねんちょう》の人《ひと》を誉《ほ》めるときの言葉《ことば》だよ。

「功《こう》」はもともと「劫《こう》」で、亀《かめ》の甲羅《こうら》より年《とし》の劫《こう》（非常《ひじょう》に長《なが》い時間《じかん》）のほうが値打《ねう》ちがあるという意味《いみ》なんだ。

長生《ながい》きの話《はなし》に戻《もど》ると、鶴《つる》の千年《せんねん》だって、十分長《じゅうぶんなが》いはずだけど「**亀《かめ》の年《とし》を鶴《つる》がうらやむ**」ということわざもあるんだよ。

千年生《せんねんい》きる鶴《つる》でも一万年《いちまんねん》も生《い》きる亀《かめ》をうらやましく思《おも》うことから、欲《よく》には限《かぎ》りがないっていうことをたとえているんだ。

実際《じっさい》の鶴《つる》の寿命《じゅみょう》は二十年《にじゅうねん》から三十年《さんじゅうねん》ほどみたいだけど、鳥《とり》としては長生《ながい》きだよね。

亀《かめ》にいたっては、種類《しゅるい》によって百年以上《ひゃくねんいじょう》生《い》きる場合《ばあい》もあるみたいなんだ。

最後《さいご》に、長寿《ちょうじゅ》のお祝《いわ》いをする区切《くぎ》りの年《とし》の呼《よ》びかたを紹介《しょうかい》しておこうか。

「**還暦《かんれき》**」数《かぞ》え年《どし》（生《う》まれた年《とし》を一歳《いっさい》として、新年《しんねん》をむかえるごとに一歳《いっさい》ずつ加《くわ》えたときの年齢《ねんれい》）六十一歳《ろくじゅういっさい》。干支《えと》が六十年《ろくじゅうねん》で一回《ひとまわ》りすることから。

「**古希《こき》**」七十歳《ななじっさい》。中国《ちゅうごく》の詩人《しじん》杜甫《とほ》の詩《し》の一節《いっせつ》「人生七十古来稀《じんせいしちじゅうこらいまれ》なり（七十歳《ななじっさい》まで長生《ながい》きする人《ひと》は、昔《むかし》から非常《ひじょう》に珍《めずら》しい）」から。

「**喜寿《きじゅ》**」七十七歳《しちじゅうしちさい》の祝《いわ》い。またその歳《とし》。「喜《き》」の草書体《そうしょたい》「㐂」が、七十七《しちじゅうしち》に見《み》えるところから。

「傘寿《さんじゅ》」八十歳《はちじっさい》の祝《いわ》い。またその歳《とし》。「傘《かさ》」の略字《りゃくじ》「仐」が「八《はち》」と「十《じゅう》」でできているから。

「米寿《べいじゅ》」八十八歳《はちじゅうはっさい》の祝《いわ》い。またその歳《とし》。「米《こめ》」という字《じ》を分解《ぶんかい》すると「八十八《はちじゅうはち》」になるから。

「卒寿《そつじゅ》」九十歳《きゅうじっさい》の祝《いわ》い。またその歳《とし》。「卒《そつ》」の略字《りゃくじ》「卆」が「九《きゅう》」と「十《じゅう》」でできているから。

「白寿《はくじゅ》」九十九歳《きゅうじゅうきゅうさい》の祝《いわ》い。またその歳《とし》。「百《ひゃく》」の一画目《いっかくめ》の「一《いち》」をとると白《はく》になるから。

昔《むかし》は今《いま》より平均寿命《へいきんじゅみょう》が短《みじか》かったので、長生《ながい》きは珍《めずら》しく、だからこそとってもおめでたいことだったんだね。

鶴《つる》の一声《ひとこえ》
有力者《ゆうりょくしゃ》の一言《ひとこと》で、さわぎが急《きゅう》に静《しず》まったり、物事《ものごと》が決《き》まったりすること。

野比家《のびけ》の鶴《つる》

お笑《わら》い番組《ばんぐみ》を見《み》よう。
いや、ドラマがいいよ!
何時《なんじ》だと思《おも》ってるの!早《はや》く寝《ね》なさい!!
ハーイ!!
パッ
ピッ

雀《すずめ》百《ひゃく》まで踊《おど》り忘《わす》れず

身近《みぢか》な鳥《とり》、雀《すずめ》と烏《からす》のことわざを紹介《しょうかい》するよ！

幼《おさな》いときに身《み》につけたことは、いくつになっても忘《わす》れないという意味《いみ》だよ。

雀《すずめ》が、ぴょんぴょん足《あし》をそろえてはねるように歩《ある》く姿《すがた》が踊《おど》っているように見《み》えて、それがずっと変《か》わらないことからできたことわざだよ。

雀《すずめ》もそうだけど、鳥《とり》は水浴《みずあ》びや砂浴《すなあ》びをして体《からだ》の汚《よご》れをとる習性《しゅうせい》があるんだ。

たいていの鳥《とり》は、水浴《みずあ》び、砂浴《すなあ》びのどちらかしかしないけれど、雀《すずめ》はどちらもする珍《めずら》しい鳥《とり》なんだよ。

水浴《みずあ》びをしてから砂浴《すなあ》びをしたら、どろどろになってしまいそうだけどね。

ほかの鳥《とり》、たとえば烏《からす》は水浴《みずあ》び派《は》なんだけど、とっても短《みじか》い時間《じかん》で水浴《みずあ》びをすませるということから、人《ひと》の入浴時間《にゅうよくじかん》が短《みじか》いことをたとえて「**烏《からす》の行水《ぎょうずい》**」っていうんだ。

行水《ぎょうずい》は、たらいに水《みず》や湯《ゆ》を張《は》ってその中《なか》で体《からだ》を洗《あら》うことだから、簡単《かんたん》な入浴《にゅうよく》みたいなものだね。

お風呂《ふろ》に入《はい》って、しっかり体《からだ》を洗《あら》わなかったり、ゆっくり湯船《ゆぶね》で温《あたた》まらないで出《で》てきたりすると、そう言《い》われちゃうよ。

烏《からす》にちなんだ言葉《ことば》には、行水《ぎょうずい》のほかに**「烏《からす》の足跡《あしあと》」**があるよ。

これは、目《め》じりにできる小《こ》じわが、烏《からす》の足跡《あしあと》みたいだっていうことだから、大人《おとな》の女《おんな》の人《ひと》に使《つか》うと怒《おこ》られそうだね。

雀《すずめ》も烏《からす》も、人《ひと》の暮《く》らしにとけこんでいる身近《みぢか》な鳥《とり》だから、いろいろな言葉《ことば》の中《なか》に出《で》てくるんだなあ。

「今泣《いまな》いた烏《からす》がもう笑《わら》う」は、さっきまで泣《な》いていた人《ひと》が、すぐに機嫌《きげん》を直《なお》して笑《わら》うっていう意味《いみ》だよ。

くるくる変《か》わりやすい機嫌《きげん》のことをたとえているんだ。

雀《すずめ》の話《はなし》に戻《もど》ると、前《まえ》に紹介《しょうかい》した「鶴《つる》の一声《ひとこえ》」ということわざには、**「雀《すずめ》の千声鶴《せんこえつる》の一《ひと》声《こえ》」**という言《い》いかたもあるんだ。

たくさんの雀《すずめ》がいっせいに鳴《な》くより、鶴《つる》が一声《ひとこえ》鳴《な》くほうが勝《まさ》る、という意味《いみ》で、ありふれた者《もの》の多《おお》くの言葉《ことば》より、すぐれた人《ひと》の一言《ひとこと》のほうがまさる、というたとえだよ。

あと、よく聞《き》く言葉《ことば》としては、**「雀《すずめ》の涙《なみだ》」**があるよ。

体《からだ》の小《ちい》さな雀《すずめ》の流《なが》す涙《なみだ》は、量《りょう》もさぞ少《すく》ないだろうということで、ごくわずかなもののたとえで使《つか》われているんだ。

雀《すずめ》は小《ちい》さな鳥《とり》の代表《だいひょう》なんだね。

雀百《すずめひゃく》まで踊《おど》り忘《わす》れず

どんなに年《とし》をとっても、子《こ》どものころ覚《おぼ》えたことや身《み》につけた習慣《しゅうかん》は、忘《わす》れないものだ。

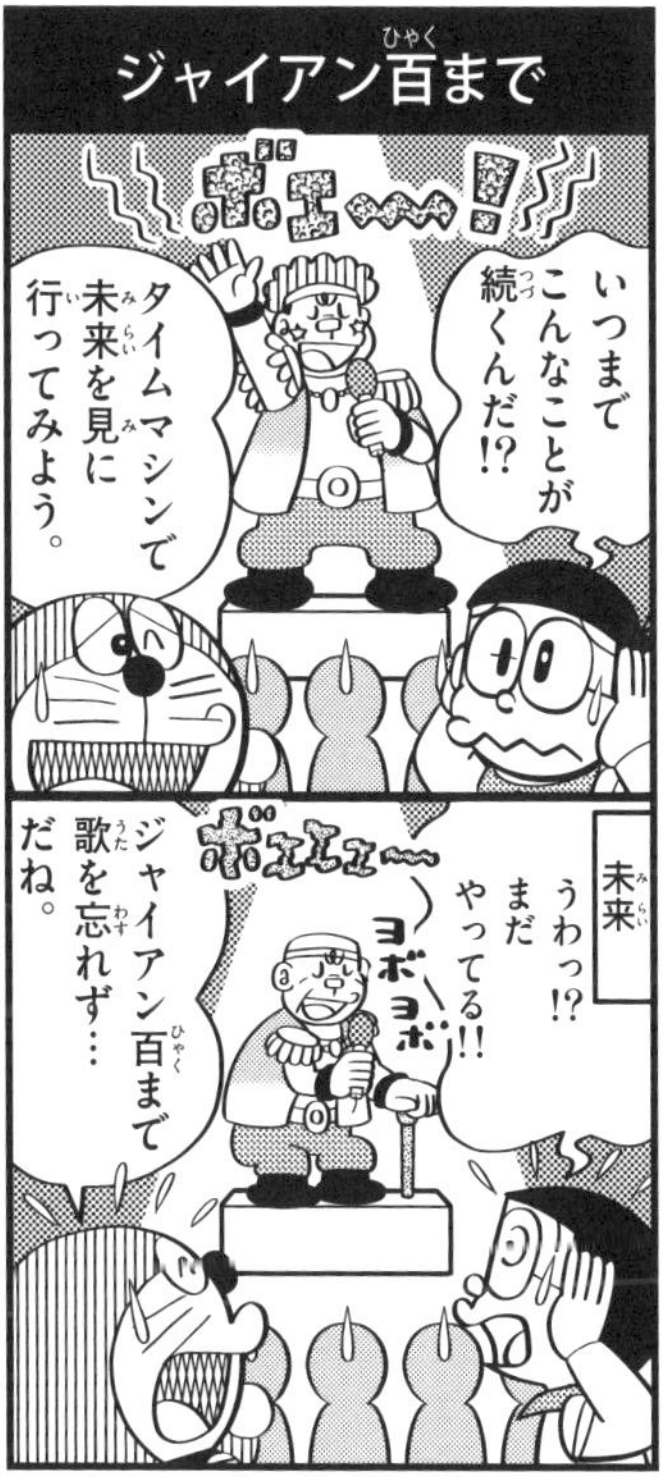
ジャイアン百《ひゃく》まで
ボエ〜〜!
いつまでこんなことが続《つづ》くんだ!?
タイムマシンで未来《みらい》を見《み》に行《い》ってみよう。
未来《みらい》
ボエエエ〜〜
うわっ!? まだやってる!!
ヨボヨボ
ジャイアン百《ひゃく》まで歌《うた》を忘《わす》れず…だね。

鬼《おに》も十八番茶《じゅうはちばんちゃ》も出花《でばな》

ことわざの中《なか》では、鬼《おに》が大活躍《だいかつやく》!?


番茶《ばんちゃ》は、摘《つ》み残《のこ》しの茶葉《ちゃば》などを使《つか》って作《つく》る値段《ねだん》の安《やす》いお茶《ちゃ》のこと、出花《でばな》はお湯《ゆ》を注《そそ》いだばかりのお茶《ちゃ》のことなんだ。

安《やす》いお茶《ちゃ》でも、いれたてはおいしいように、いかつい顔《かお》の鬼《おに》の子《こ》でも、年《とし》ごろになればそれなりに見《み》られるようになるということわざだよ。

今《いま》は、**「娘十八番茶《むすめじゅうはちばんちゃ》も出花《でばな》」**というバリエーションが一般的《いっぱんてき》だけれど、昔《むかし》は男女問《だんじょと》わず、年《とし》ごろの若者《わかもの》の魅力《みりょく》について使《つか》われていたそうだよ。

鬼《おに》は昔話《むかしばなし》だけでなく、ことわざにもたくさん出《で》てくるんだ。

「鬼《おに》が出《で》るか蛇《じゃ》が出《で》るか」は、これからどんなことが起《お》きるか予想《よそう》ができない、という意《い》味《み》だよ。

「**鬼《おに》に金棒《かなぼう》**」は、素手《すで》でもかなわない鬼《おに》が鉄《てつ》の棒《ぼう》を持《も》ったら、ますます強《つよ》くなることから、もともと強《つよ》い人《ひと》が何《なに》かを得《え》て、もっと強《つよ》くなることをいう言葉《ことば》なんだ。

鬼《おに》は怖《こわ》いもの、強《つよ》いものだと考《かんが》えられていたんだね。

だから「**鬼《おに》のかく乱《らん》**」という言葉《ことば》もできたんだろうなあ。

かく乱《らん》は、日射病《にっしゃびょう》や熱中症《ねっちゅうしょう》のようなもので、いつもは丈夫《じょうぶ》で元気《げんき》な人《ひと》がたまに寝込《ねこ》んでしまうことを、鬼《おに》がかく乱《らん》になったようだとたとえているんだ。

「**鬼《おに》にせんべい**」は、物《もの》がかんたんにこわれてしまうたとえだよ。鬼《おに》の強《つよ》い歯《は》でせんべいをばりばりかみくだくイメージからだね。

「**鬼《おに》の首《くび》を取《と》ったよう**」というのは、たいしたことでもないのに、大《おお》きな手柄《てがら》を立《た》てたかのように得意《とくい》になる様子《ようす》のこと。

怖《こわ》い鬼《おに》をやっつけて首《くび》を取《と》るぐらいの大手柄《おおてがら》を立《た》てたような、ということだね。

また、鬼《おに》は冷《つめ》たくてやさしさのかけらもない人《ひと》にたとえられることもあるね。

「**鬼《おに》の目《め》にも涙《なみだ》**」の鬼《おに》は、そんな冷《つめ》たい人《ひと》のたとえなんだけど、そういう人《ひと》でも、たまには同情《どうじょう》やあわれみの心《こころ》を持《も》って涙《なみだ》を流《なが》すことがあるということだよ。

鬼《おに》だって、人《ひと》の気《き》持《も》ちによりそうことがあっても、おかしくないよね。

うるさい人《ひと》や、気《き》をつかう人《ひと》を鬼《おに》にたとえた「**鬼《おに》のいぬ間《ま》に洗濯《せんたく》**」という言葉《ことば》もあるよ。

うるさい人《ひと》がいない間《あいだ》に、のんびりするっていう意味《いみ》なんだ。

洗濯《せんたく》をしていたら、ちっとものんびりできないじゃないって思《おも》った？

洗濯《せんたく》は、命《いのち》の洗濯《せんたく》をするっていう意味《いみ》だから、のびのびとリフレッシュするっていうことなんだよ。

鬼《おに》も十八《じゅうはち》番茶《ばんちゃ》も出花《でばな》
十八歳《じゅうはっさい》ぐらいになると、誰《だれ》もがそれなりに魅力的《みりょくてき》になるものだ。

使《つか》いかた注意《ちゅうい》

十人十色《じゅうにんといろ》

色《いろ》もいろいろ、ことわざもいろいろ。


好《この》みや考《かんが》えは、人《ひと》によってそれぞれ違《ちが》うことをいっているよ。

「**十人十色**《じゅうにんといろ》」の「色《いろ》」は、個性《こせい》や考《かんが》えかたのようなもの。

「仲良《なかよ》くしている同級生《どうきゅうせい》も、将来《しょうらい》の夢《ゆめ》は十人十色《じゅうにんといろ》で」というふうに使《つか》うよ。

深《ふか》い青《あお》を紺色《こんいろ》っていうよね。その紺色《こんいろ》が入《はい》っていることわざに「**紺屋**《こうや》**の白袴**《しろばかま》」というのがあるよ。

紺屋《こうや》というのは、染《そ》め物屋《ものや》さんなんだ。

紺色《こんいろ》の染料《せんりょう》を使《つか》って布《ぬの》を染《そ》めるのが仕事《しごと》だよ。その紺屋《こうや》が、白《しろ》い袴《はかま》をはいていることを、「紺屋《こうや》の白袴《しろばかま》」っていうんだ。

自分《じぶん》の袴《はかま》を染《そ》めるひまもないぐらい忙《いそが》しいっていうことだよ。

そこから意味《いみ》が広《ひろ》がって、人《ひと》の世話《せわ》ばかりしていて、自分《じぶん》のことが手抜《てぬ》きになることをいうようになったんだ。

行列《ぎょうれつ》ができるレストランのコックさんが、自分《じぶん》の食事《しょくじ》をお茶《ちゃ》づけだけですませてしまうようなことだね。

白袴《しろばかま》のように白《しろ》が入《はい》っていることわざには「**白羽《しらは》の矢《や》が立《た》つ**」があるよ。

「転校《てんこう》した委員《いいん》の子《こ》の代《か》わりを選《えら》んでいたとき、ぼくに白羽《しらは》の矢《や》が立《た》った」というふうに、思《おも》いがけず何《なに》かに選《えら》ばれるときに使《つか》うよね。

これはもともと言《い》い伝《つた》えからできた言葉《ことば》なんだ。

「白羽《しらは》」は、矢《や》についている白《しろ》い羽根《はね》のこと。

大昔《おおむかし》、人《ひと》は自然《しぜん》の中《なか》の神様《かみさま》に、洪水《こうずい》が起《お》きませんようにとか、お米《こめ》がたくさんとれますようにとかって祈《いの》っていたんだ。

その願《ねが》いをかなえることと引《ひ》きかえに、神様《かみさま》はいけにえの少女《しょうじょ》をもとめたんだ。神様《かみさま》がいけにえに望《のぞ》んだ少女《しょうじょ》の家《いえ》の屋根《やね》には、誰《だれ》も気《き》がつかないうちに白羽《しらは》の矢《や》が立《た》っていたんだって。

そんな白羽《しらは》の矢《や》は絶対《ぜったい》に嫌《いや》だよね！

最後《さいご》におまけでもう一《ひと》つ、「くちばしが黄色《きいろ》い」を紹介《しょうかい》しよう。

鳥《とり》のひなのくちばしが黄色《きいろ》いことから、若《わか》くて経験《けいけん》の少《すく》ないことをたとえているんだ。大人《おとな》が、自分《じぶん》のことを言《い》うときに「まだくちばしが黄色《きいろ》かったころは、失敗《しっぱい》もたくさんしたものだ」などという使《つか》いかたをすることが多《おお》いよ。

この言葉《ことば》、ほかの人《ひと》には使《つか》わないようにしようね。

十人十色《じゅうにんといろ》

十人《じゅうにん》いれば顔《かお》かたちがそれぞれ違《ちが》うように、人《ひと》の考《かん》えかたや好《この》みもみんな違《ちが》う。

なん人《にん》？

ねえ、何色《なにいろ》が好《す》き？

私《わたし》はピンクよ。

ぼくは黄色《きいろ》!!

ぼくは青《あお》かな。

みんなそれぞれ十人十色《じゅうにんといろ》ね。

え？ここには十人《じゅうにん》もいないでしょ？

？

……。

くせなおしガス
ムグ
ムグ

よしなさい、はなくそをほじるのは。
いつもいってるだろ。
ほんとにみっともないわよ。
わるいくせはなおしなさい。
でも、わるいくせなら、パパとママにもあるよ。
ばかいえ。ぼくにはへんなくせなんかないぞ。
わたしだって。
パパは、びんぼうゆすり。ママは、ベロだして、口《くち》のまわりをなめるの。
いまちょっと、せなかがムズムズしたんだ。くせとはちがうよ。
わたしもよ。くちびるがかわいたから、なめただけじゃないの。
ひとのことより、自分《じぶん》のくせを、なおしなさい。
じつに、一方的《いっぽうてき》だと思《おも》う！自分《じぶん》たちのことはたなに上《あ》げて。
ま、そんなもんだよ。
自分《じぶん》のくせは、なかなか気《き》づかないものさ。
そこをなんとか、気《き》づかせたい！

じゃ、気《き》づかせよう。
「くせなおしガス」
くせが大《おお》げさにあらわれるから、だれでも気《き》がつく。
プシュ
ぼくじゃないよう。
あ、ごめん。
プシュ
なんか音《おと》がしなかった?
べつに。
ようすは、どう?
ちっともくせがでない。
いわれたばかりで、気《き》をつけてるんだろ。
そのうちはでにやるから……。

そろそろか。
まだ。
くせがでないなあ。
ムグムグ
ムク
カポ
ど、どうしよう、これ。
きたないな。
はやくごみ箱《ばこ》へ。
ごめんくだ…ムギュ。
なに？ それ。
いえいえ、つまんないものです。
お客《きゃく》がきたんじゃ、みこみないなあ。
あ、みろ！ママの口《くち》もと！

ムズ
ムズ
ペロ、ペロ、
ペタ
やったあ。
きょうれつ！
なんです、お客《きゃく》さまの前《まえ》で。
どうぞ、気《き》になさらないで。
しかし……、
気《き》になりますなあ。
あっ、パパのびんぼうゆすりが……。
カタ
カタ
カタ
ガタ
ガタ
ガク

ガタ
ガタ
ガタ
地震《じしん》だァ
ドドドド
今《いま》すぐびんぼうゆすりやめて。
きみこそベロだすのやめろというのに。
ききすぎだよ。あのガス。
ガクガク

なくて七癖《ななくせ》あって四十八癖《しじゅうはっくせ》

数字《すうじ》のことわざを集《あつ》めてみたよ！

一見《いっけん》、癖《くせ》を持《も》っていないように見《み》える人《ひと》でも、いくつか癖《くせ》を持《も》っているものだ、という意味《いみ》だね。

「七《なな》」も「四十八《しじゅうはち》」も、数《かず》が多《おお》いという意味《いみ》で、四十八《しじゅうはち》の癖《くせ》があるっていうことではないんだよ。

数字《すうじ》が入《はい》っている言葉《ことば》は、いろいろあるけれど、ずばりその数《かず》を意味《いみ》しているものもあれば、そうでないものもあるんだ。

「十年一日《じゅうねんいちじつ》」の「十年《じゅうねん》」は、ぴったり十年間《じゅうねんかん》というわけではなくて、長《なが》い期間《きかん》という意味《いみ》で使《つか》われているよ。

長《なが》い期間《きかん》がまるで一日《いちにち》のようだ、ということで、長《なが》い間《あいだ》、何《なに》も変《か》わらない状態《じょうたい》を表《あらわ》して

いるんだ。

「六日《むいか》の菖蒲《あやめ》、十日《とおか》の菊《きく》」の「六《ろく》」と「十《じゅう》」は、日《ひ》づけそのものを表《あらわ》しているよ。

五月五日《ごがついつか》は「端午《たんご》の節句《せっく》」で菖蒲《あやめ》の花《はな》を、九月九日《くがつここのか》は「重陽《ちょうよう》の節句《せっく》」で菊《きく》の花《はな》を飾《かざ》るならわしがあるんだ。

それなのに、もし菖蒲《あやめ》を六日《むいか》、菊《きく》を十日《とおか》に飾《かざ》ったとしたら？

もう遅《おそ》いよね。

そのことから、時機外《じきはず》れで役《やく》に立《た》たないもののことを表《あらわ》すようになったんだ。

「十指《じっし》に余《あま》る」の「十《じゅう》」は、指《ゆび》を折《お》って何《なに》かを数《かぞ》えあげていくときに、両手《りょうて》の十本《じっぽん》の指《ゆび》では足《た》りないという意味《いみ》だから、十《じゅう》という数《かず》そのものを表《あらわ》しているともいえるし、指《ゆび》で数《かぞ》えきれないくらい多《おお》いことを表《あらわ》しているともいえるね。

十指《じっし》に余《あま》るものなら、長所《ちょうしょ》とか才能《さいのう》とか、いいものを持《も》ちたいものだよね。

数字《すうじ》が二《ふた》つ入《はい》っていることわざだと、**「七転《ななころ》び八起《やお》き」**が有名《ゆうめい》だね。

七回転《ななかいころ》んでも、八回起《はちかいお》き上《あ》がるという意味《いみ》で、何度失敗《なんどしっぱい》してもあきらめないでチャレンジし続《つづ》けることをたとえているよ。

最後《さいご》に「**八《はち》の字《じ》を寄《よ》せる**」ってどういう意味《いみ》かわかるかな？
ヒントは、顔《かお》の中《なか》の「八《はち》の字《じ》」を探《さが》してみることだよ。
答《こた》えは、眉毛《まゆげ》を八《はち》の字《じ》の形《かたち》にすることなんだ。
ほら、やってみるとしかめっつらになるのがわかるでしょう？
顔《かお》をしかめるほどの、いやな気持《きも》ちを表《あらわ》している言葉《ことば》なんだよ。
八《はち》の字《じ》を寄《よ》せないで、いつもにこにこしていたいね。

なくて七癖《ななくせ》
あって四十八癖《しじゅうはっくせ》
人《ひと》はそれぞれみんな、なにかしら癖《くせ》を持《も》っているものだ。

ないと思《おも》っても…

ぼくってあかぬけてるからさ〜。癖《くせ》なんて一《ひと》つもないんだよねー。
へえ。
…というウソをつくのがスネ夫《お》の癖《くせ》だよな。
♪〜

一《いっ》寸《すん》の虫《むし》にも五《ご》分《ぶ》の魂《たましい》

ことわざに入《はい》っている、昔《むかし》の単位《たんい》についてのお話《はなし》だよ。

「寸《すん》」は、昔《むかし》の長《なが》さを表《あらわ》す単位《たんい》で、一寸《いっすん》は、およそ三《さん》センチメートル、五分《ごぶ》はその半分《はんぶん》の長《なが》さだよ。だからこのことわざは、三《さん》センチメートルの虫《むし》にも一《いち》・五《ご》センチメートルの魂《たましい》があるんだから、軽《かる》く見《み》てはいけない、という意味《いみ》になるね。

一寸《いっすん》を今《いま》の単位《たんい》で見《み》てみると、おとぎ話《ばなし》の『一寸法師《いっすんぼうし》』がどれだけ小《ちい》さかったか、わかるね。

「**一寸先《いっすんさき》は闇《やみ》**」は、少《すこ》し先《さき》はもう真《ま》っ暗《くら》ということから、先《さき》のことは何《なに》があるかわからない、という意味《いみ》だよ。

「**寸足《すんた》らず**」は、長《なが》さがたりないことで、「**寸分違《すんぶんたが》わず**」は、少《すこ》しの違《ちが》いもないこと。

十寸《じっすん》（およそ三十《さんじっ》センチメートル）で「一尺《いっしゃく》」だよ。

和楽器《わがっき》の尺八《しゃくはち》は、長《なが》さが一尺八寸《いっしゃくはっすん》（約五十四《やくごじゅうよん》センチメートル）で、そのものの長《なが》さが名《な》前《まえ》になっているんだ。

また、昔《むかし》は「**五尺《ごしゃく》の身《み》**」という言《い》いかたで、人間一人《にんげんひとり》の体《からだ》を表《あらわ》したんだ。

特《とく》に「男一人《おとこひとり》」という意味《いみ》で使《つか》われていたんだけど、五尺《ごしゃく》といえば、およそ百五十《ひゃくごじっ》センチメートル。昔《むかし》の人《ひと》の平均身長《へいきんしんちょう》は、今《いま》より低《ひく》かったことがわかるね。

一尺《いっしゃく》が十集《じゅうあつ》まると、「一丈《いちじょう》」になるよ。この「丈《じょう》」は「たけ」という読《よ》みかたがあって、長《なが》さの単位《たんい》とは別《べつ》に、ものの長《なが》さや高《たか》さを表《あらわ》すときによく使《つか》われているんだ。「身《み》の丈《たけ》」は、身長《しんちょう》のことで、そこから自分《じぶん》にふさわしいことを「**身《み》の丈《たけ》に合《あ》う**」というようになったよ。

いばっているような高圧的《こうあつてき》な態度《たいど》のことをいう「**居丈高《いたけだか》**」にも「丈《たけ》」があるね。

居丈《いたけ》は、座《すわ》ったときの背《せ》の高《たか》さのことで、「居丈高《いたけだか》」は座《すわ》ったまま体《からだ》を大《おお》きく見《み》せようと背筋《せすじ》をのばすという意味《いみ》だったんだ。

その体《からだ》をそらせた姿《すがた》が、いばっているようだったところから、意味《いみ》が変化《へんか》したんだよ。

尺《しゃく》と丈《じょう》のあいだには、六尺分《ろくしゃくぶん》の長《なが》さの「一間《いっけん》（約百八十二《やくひゃくはちじゅうに》センチメートル）」もあるよ。

これは、建物《たてもの》の柱《はしら》と柱《はしら》の間《あいだ》の長《なが》さで、畳《たたみ》の長《なが》いほうの長《なが》さが一間《いっけん》、短《みじか》いほうがその半分《はんぶん》なんだ。

わりに合《あ》わないという意味《いみ》で使《つか》われている**「間尺《ましゃく》に合《あ》わない」**は、もともとは、寸法《すんぽう》の計算《けいさん》が合《あ》わないこと。そこから使《つか》われかたが広《ひろ》がったんだね。

大《おお》きい距離《きょり》の単位《たんい》として、昔《むかし》は「里《り》」が使《つか》われていたよ。

一里《いちり》は約三《やくさん》・九《きゅう》キロメートルで、昔《むかし》の街道《かいどう》には、一里《いちり》ごとに土《つち》を盛《も》り、その上《うえ》に木《き》を植《う》えた目印《めじるし》があったんだ。これを**「一里塚《いちりづか》」**というよ。

この言葉《ことば》は今《いま》でも、大《おお》きな目標《もくひょう》や仕事《しごと》を達成《たっせい》するための、通過点《つうかてん》や目印《めじるし》という意味《いみ》で使《つか》われるよね。

遠《とお》くの出来事《できごと》や、人《ひと》の心《こころ》を見通《みとお》す能力《のうりょく》のことをいう**「千里眼《せんりがん》」**は、「千里先《せんりさき》まで見《み》える目《め》」という意味《いみ》だね。

千里《せんり》といえば、約三千九百《やくさんぜんきゅうひゃく》キロメートル！　東京《とうきょう》とベトナムくらい離《はな》れているよ。そんな先《さき》まで見通《みとお》せるなんてすごい！

「千里《せんり》の馬《うま》」は、一日《いちにち》に千里《せんり》走《はし》るほどのすぐれた馬《うま》のこと。その意味《いみ》が広《ひろ》がって、才能《さいのう》、芸《げい》のすぐれた人《ひと》のこともいうようになったんだ。

「悪事千里《あくじせんり》を走《はし》る」は、悪《わる》いことを隠《かく》そうとしても、すごい勢《いきお》いですぐ世間《せけん》に知《し》れわたってしまう、ということわざだね。

もう一《ひと》つ、「千里《せんり》の道《みち》も一歩《いっぽ》から」は、「どんな大《おお》きな計画《けいかく》も、まず手近《てぢか》なことを一《ひと》つ一《ひと》つ実行《じっこう》することから始《はじ》まる」という意味《いみ》だね。

ことわざや言葉《ことば》の中《なか》には、昔《むかし》の単位《たんい》がまだたくさん生《い》きているんだね。

一寸《いっすん》の虫《むし》にも五分《ごぶ》の魂《たましい》

どんなに小《ちい》さく弱《よわ》そうでも、それなりの意地《いじ》や考《かんが》えがあるのだから、ばかにしてはいけない。

小《ちい》さくてもすごい

頭《あたま》が良《よ》くて記憶力《きおくりょく》もバツグン。小《ちい》さいのにばかにできないなあ。
へえ。それ誰《だれ》のこと？
ねずみだよ。
ギャッ!!

一国一城《いっこくいちじょう》の主《あるじ》

建物《たてもの》に関《かん》することわざを紹介《しょうかい》するよ！

一《ひと》つの国《くに》や一《ひと》つの城《しろ》を持《も》つということから、人《ひと》が独立《どくりつ》することを表《あらわ》している言葉《ことば》だよ。会社《かいしゃ》を経営《けいえい》することだけではなくて、家《いえ》を建《た》てたり、家庭《かてい》から独立《どくりつ》したりした人《ひと》を、

「これで、一国一城《いっこくいちじょう》の主《あるじ》だ」

といったりするんだ。

会社《かいしゃ》や家族《かぞく》を国《くに》や城《しろ》にたとえて、誰《だれ》からの援助《えんじょ》も受《う》けないで独立《どくりつ》しているという意味《いみ》で使《つか》われるんだね。

昔《むかし》の城《しろ》は、高《たか》い石垣《いしがき》の上《うえ》にそびえ立《た》っていて大《おお》きいよね。あんな大《おお》きな城《しろ》をどうやって築《きず》いたのかなあ。

昔《むかし》は、どんな城《しろ》を築《きず》くのか設計《せっけい》することを「縄張《なわば》り」といっていたんだ。建物《たてもの》の位置《いち》を決《き》めるため、実際《じっさい》に縄《なわ》を張《は》っていたからだよ。

今《いま》では自分《じぶん》の陣地《じんち》とか活動範囲《かつどうはんい》という意味《いみ》で使《つか》われているよね。

城《しろ》に関《かん》する有名《ゆうめい》な言葉《ことば》としては、戦国時代《せんごくじだい》の武将《ぶしょう》である武田信玄《たけだしんげん》の、**「人《ひと》は城《しろ》、人《ひと》は石垣《いしがき》、人《ひと》は堀《ほり》」**があるよ。

信玄《しんげん》は、どんなに守《まも》りの堅《かた》い城《しろ》を築《きず》いても、人《ひと》の心《こころ》が離《はな》れてしまえば国《くに》（領地《りょうち》）を守《まも》ることはできないと考《かんが》えていたんだ。

逆《ぎゃく》に、信頼《しんらい》できる人《ひと》が集《あつ》まれば、それは城《しろ》や石垣《いしがき》や堀《ほり》に匹敵《ひってき》する、と思《おも》っていたんだろうね。

他《ほか》にも、建物《たてもの》にまつわることわざを紹介《しょうかい》しよう。

「屋上屋《おくじょうおく》を架《か》す」。無駄《むだ》なことをするたとえだね。屋根《やね》の上《うえ》に屋根《やね》をつくる、という意味《いみ》だから、確《たし》かに無駄《むだ》だよね。

「庇《ひさし》を貸《か》して母屋《おもや》を取《と》られる」。一部分《いちぶぶん》を貸《か》しただけなのに、つけこまれて全部《ぜんぶ》取《と》られてしまうことだよ。

庇《ひさし》は、出入《でい》り口《ぐち》や窓《まど》の上《うえ》に突《つ》き出《だ》した屋根《やね》のこと。その場所《ばしょ》を貸《か》しただけなのに、家全《いえぜん》部《ぶ》をとられちゃう、という意味《いみ》なんだ。

世話《せわ》をした相手《あいて》から、かえって損害《そんがい》をうけてしまう場合《ばあい》に使《つか》われるよ。


「砂上《さじょう》の楼閣《ろうかく》」。砂《すな》の上《うえ》に立《た》てた、高《たか》い建物《たてもの》のこと。一見立派《いっけんりっぱ》そうでも、地盤《じばん》がもろいから長《なが》く維持《いじ》できないことをたとえているよ。

実現不可能《じつげんふかのう》な計画《けいかく》をたとえていうこともあるね。

「砂上《さじょう》の楼閣《ろうかく》」ではなく、「一国一城《いっこくいちじょう》の主《あるじ》」を目指《めざ》したいものだね！

一国一城《いっこくいちじょう》の主《あるじ》
誰《だれ》からも支配《しはい》されずに、独立《どくりつ》している人《ひと》。

ここはぼくの城《しろ》
今《いま》ぼくは
一国《いっこく》一城《いちじょう》の主《あるじ》！
お～い、のび太《た》。いいかげん出《で》てくれよ～。
まだむり～。
TOILET
ドン
ドン

亭主関白《ていしゅかんぱく》

理想的《りそうてき》な夫婦《ふうふ》のことわざはどれ？

夫婦《ふうふ》のうち、夫《おっと》がいばっていることを「**亭主関白**《ていしゅかんぱく》」というよ。

「亭主《ていしゅ》」は、家庭《かてい》やお店《みせ》の主《あるじ》をさす言葉《ことば》だから、今《いま》も夫《おっと》という意味《いみ》で使《つか》われることが多《おお》いよね。

「関白《かんぱく》」は、天皇《てんのう》を助《たす》けて政治《せいじ》を行《おこな》う役人《やくにん》のトップで、とってもえらかったんだ。

だから、いばっている夫《おっと》のことを、えらい関白様《かんぱくさま》のようだって、たとえているんだね。

亭主関白《ていしゅかんぱく》の反対《はんたい》は、なんだろう？

夫《おっと》より妻《つま》がいばっているという意味《いみ》の「**かかあ天下**《でんか》」という言葉《ことば》があるね。

どっちもいばらずに仲良《なかよ》くするのがいちばんだと思《おも》わない？

「**夫唱婦随**《ふしょうふずい》」は、夫婦仲《ふうふなか》がとてもいいっていう意味《いみ》の言葉《ことば》だよ。

でも、夫《おっと》の言《い》い出《だ》したこと「唱《しょう》」に妻《つま》が「随《ずい》」する、つまり従《したが》う、という意味《いみ》だから、少《すこ》し夫《おっと》がいばっているのかな。

すると、夫婦《ふうふ》で仲良《なかよ》く長生《ながい》きしようね、っていう意味《いみ》の「**お前百《まえひゃく》までわしゃ九十九《くじゅうく》まで**」が、理想的《りそうてき》かなあ。

これは昔《むかし》の歌《うた》の一節《いっせつ》で、このあと、「ともに白髪《しらが》のはえるまで」と続《つづ》くんだよ。お前《まえ》は夫《おっと》のことで、わしは妻《つま》のことだから、妻《つま》のほうが一年早《いちねんはや》く死《し》んでしまうね。でもこの場合《ばあい》、こまかい年《とし》の差《さ》はあまり関係《かんけい》がなくて、「いっしょに仲良《なかよ》く年《とし》をとりましょうね」ということなんだろうな。

でも、「**年上《としうえ》の女房《にょうぼう》は金《かね》のわらじをはいてでも探《さが》せ**」という言《い》いかたもあるくらい、昔《むかし》は年上《としうえ》の女《おんな》の人《ひと》を妻《つま》にするといいって言《い》われていたみたいだから、妻《つま》のほうが一《ひと》つ年上《としうえ》で、死《し》ぬときもいっしょだよっていうことかもしれないよね。

年上《としうえ》の妻《つま》は、落《お》ち着《つ》いていて、家庭《かてい》の中《なか》のことによく気配《きくば》りをしてくれるから、ということでありがたがられていたらしいよ。

金《かね》のわらじは、ゴールドではなくて、金属《きんぞく》（鉄《てつ》）製《せい》のわらじっていうことだよ。

普通《ふつう》のわらじ（わらで編《あ》んだ、ぞうりのようなはきもの）ではすぐすり切《き》れてしまうから、丈夫《じょうぶ》なわらじをはいて探《さが》しなさいっていうこと。

夫婦《ふうふ》はけんかをしてもすぐに仲直《なかなお》りすることが多《おお》いところから、**「夫婦《ふうふ》げんかは犬《いぬ》も食《く》わない」**っていう言葉《ことば》もあるね。

夫婦《ふうふ》げんかは、犬《いぬ》でさえ気《き》にとめないようなものだから、まわりが心配《しんぱい》したり口出《くちだ》ししたりしないほうがいいよっていう意味《いみ》なんだよ。

亭主関白《ていしゅかんぱく》

家庭《かてい》の中《なか》で、夫《おっと》がいばっていること。

パパはえらい？
エッヘン！
ハイ、お茶《ちゃ》。
パパって亭主関白《ていしゅかんぱく》だったんだ。
エヘンゴホン
ちがうよ。かぜ気味《ぎみ》でせきばらいしてるだけ。

清水《きよみず》の舞台《ぶたい》から飛《と》び降《お》りる

実際《じっさい》に飛《と》び降《お》りた人《ひと》がいるって、ほんと？

京都市《きょうとし》にある清水寺《きよみずでら》には、観音様《かんのんさま》にささげるために、さまざまな芸能《げいのう》を行《おこな》う舞台《ぶたい》があるんだ。

自然《しぜん》の崖《がけ》に、釘《くぎ》を一本《いっぽん》も使《つか》わずに組《く》み上《あ》げられた建物《たてもの》で、舞台《ぶたい》は最長約十二《さいちょうやくじゅうに》メートルの巨大《きょだい》な柱《はしら》に支《ささ》えられているから、ビルでいえば四階《よんかい》ぐらいの高《たか》さだね。

そこから、飛《と》び降《お》りるぐらいの覚悟《かくご》で何《なに》かを決心《けっしん》するという意味《いみ》だよ。

今《いま》、この言葉《ことば》は、たとえとしてだけ使《つか》うけれど、江戸時代《えどじだい》には本当《ほんとう》に飛《と》び降《お》りた人《ひと》がいたんだ。

それも、一人《ひとり》や二人《ふたり》じゃなくて、わかっているだけで二百人以上《にひゃくにんいじょう》が十二《じゅうに》メートルの高《たか》さから飛《と》び降《お》りたというから、驚《おどろ》きだね。

かさをさして飛《と》び降《お》りる女《おんな》の人《ひと》の姿《すがた》が、絵《え》に描《えが》かれて残《のこ》っているから、かさをパラシュートの代《か》わりにした人《ひと》もいたのかなあ。

なぜ、そんなことをしたんだと思《おも》う？

願《がん》かけ、つまり願《ねが》いごとをかなえるためだったそうなんだ。下《した》が土《つち》でやわらかかったこともあって、けがだけですんだ人《ひと》のほうが多《おお》かったらしいけど、考《かんが》えるだけで足《あし》がすくみそうに怖《こわ》いなあ。

それでも、かなえたい願《ねが》いごとって、どんなものだったんだろう。

病気《びょうき》を治《なお》してほしいって思《おも》っていた人《ひと》もいたようだし、商売繁盛《しょうばいはんじょう》や、恋愛《れんあい》の願《ねが》いごとをした人《ひと》もいたらしいよ。

何《なに》かを覚悟《かくご》して実行《じっこう》する、という意味《いみ》のことわざは、ほかにもあるよ。

「虎穴《こけつ》に入《い》らずんば虎子《こじ》を得《え》ず」。大《おお》きな危険《きけん》をおかさなければ、成功《せいこう》を手《て》に入《い》れることはできない、ということわざだけど、もともとは「虎《とら》の住《す》む穴《あな》に入《はい》らなければ、虎《とら》の子《こ》どもを奪《うば》うことはできない」という意味《いみ》なんだ。

虎《とら》の住《す》む穴《あな》に入《はい》るなんて、清水《きよみず》の舞台《ぶたい》から飛《と》び降《お》りるのと同《おな》じくらい怖《こわ》いよね。

「背水《はいすい》の陣《じん》」。背水《はいすい》は、川《かわ》や湖《みずうみ》、海《うみ》などを背後《はいご》にすること。陣《じん》は、戦場《せんじょう》での軍隊《ぐんたい》の配置《はいち》のことだね。

逃《に》げ場《ば》のない水辺《みずべ》を背《せ》にして軍《ぐん》を配置《はいち》することで、味方《みかた》に決死《けっし》の覚悟《かくご》をさせて戦《たたか》わせる、という戦法《せんぽう》なんだ。

そこから転《てん》じて、「これ以上《いじょう》後《あと》にひけない絶体絶命《ぜったいぜつめい》の立場《たちば》で、全力《ぜんりょく》を尽《つ》くす」ことをいうようになったんだよ。

清水《きよみず》の舞台《ぶたい》から飛《と》び降《お》りる

一大決心《いちだいけっしん》をして、思《おも》いきってそれを実行《じっこう》する。

一大決心《いちだいけっしん》
よし、決《き》めた！清水《きよみず》の舞台《ぶたい》から飛《と》び降《お》りるつもりで!!
何《なに》？突然《とつぜん》どうしたの!?
最後《さいご》のドラやき食《た》べちゃえ!!
パク
なんだ、大《おお》げさだなあ…。

灯台《とうだい》もと暗《くら》し

昔《むかし》の夜《よる》は今《いま》より暗《くら》かったからこそのことわざ。

灯台《とうだい》のもと（下《した》）は、明《あ》かりが届《とど》かず暗《くら》いことから、身近《みぢか》なことほどわかりにくい、という意味《いみ》だよ。探《さが》していたものが、すぐ近《ちか》くにあったときなどに使《つか》うよね。

灯台《とうだい》というと、岬《みさき》で海《うみ》を照《て》らす、あの灯台《とうだい》を思《おも》い浮《う》かべる人《ひと》が多《おお》いんじゃないかな。

今《いま》あるような形《かたち》の、海《うみ》の灯台《とうだい》が日本《にっぽん》に初《はじ》めてできたのは百五十年《ひゃくごじゅうねん》ぐらい前《まえ》なんだけど、**「灯台《とうだい》もと暗《くら》し」**は、もっと前《まえ》から使《つか》われていた言葉《ことば》なんだ。

ここでいう「灯台《とうだい》」は、電気《でんき》のない昔《むかし》、家《いえ》の中《なか》で使《つか》っていた照明器具《しょうめいきぐ》のことなんだよ。

この灯台《とうだい》は、支柱《しちゅう》の上《うえ》にのせた皿《さら》に油《あぶら》を入《い》れて、そこに灯芯《とうしん》というろうそくの芯《しん》のようなものを浸《ひた》して火《ひ》をつけるんだ。

ひもの先《さき》が燃《も》えているだけだから、大《おお》きな炎《ほのお》になるわけもないし、もちろん、灯台《とうだい》の下《した》にまで明《あ》かりは届《とど》かないよね。

街灯《がいとう》もコンビニもない昔《むかし》の夜《よる》は、今《いま》の夜《よる》よりずっと暗《くら》かったんだよ。

夜《よる》に関《かん》することわざというと、たとえば、「**闇夜《やみよ》に烏《からす》**」。

暗闇《くらやみ》に黒《くろ》い烏《からす》がいてもわからないよね。

そこから、よく似《に》ていて見分《みわ》けがつかないことをたとえるようになったんだ。

学校《がっこう》から、うっかりまちがえて友《とも》だちの赤白帽《あかしろぼう》（体操帽子《たいそうぼうし》）を持《も》って帰《かえ》ってきちゃったことはないかな？

みんながおそろいのものを使《つか》っていると、名前《なまえ》を確《たし》かめないと、どれが自分《じぶん》のものかわからなくなっちゃうよね。

これが「闇夜《やみよ》に烏《からす》」だよ。

ちなみに、このことわざには、「**闇夜《やみよ》に烏雪《からすゆき》に鷺《さぎ》**」というバージョンもあるんだ。

雪《ゆき》の中《なか》に白《しろ》い鷺《さぎ》がいたら、闇夜《やみよ》の烏《からす》と同《おな》じようにわからなくなっちゃうよね。

烏《からす》がいても見分《みわ》けられないぐらい、夜《よる》は真《ま》っ暗《くら》になるんだから、外《そと》に出《で》るときに足元《あしもと》を照《て》らすための提灯《ちょうちん》は欠《か》かせないものだったはずだけど、月夜《つきよ》は別《べつ》だったみたいで、「**月夜《つきよ》に提灯《ちょうちん》**」という言葉《ことば》もあるんだよ。

月《つき》が出《で》ている明《あか》るい夜《よる》に、使《つか》う必要《ひつよう》のない提灯《ちょうちん》を使《つか》っているということで、無駄《むだ》とか不《ふ》必要《ひつよう》なもののたとえなんだ。

提灯《ちょうちん》の中《なか》はろうそく一本《いっぽん》だから、今《いま》の懐中電灯《かいちゅうでんとう》より暗《くら》かったはず。昔《むかし》は空《そら》がきれいだったから、月《つき》の光《ひかり》のほうが明《あか》るかったんだろうね。

灯台《とうだい》もと暗《くら》し

身近《みぢか》なことは、案外《あんがい》知《し》らない、わからないものだ。

火《ひ》ぶたを切《き》る

火《ひ》にまつわることわざだよ！

「火《ひ》ぶた」の「ぶた」は、ブーブー鳴《な》くブタじゃなくて、開《あ》け閉《し》めするふたのことだよ。

今《いま》から五百年《ごひゃくねん》近《ちか》く前《まえ》に、日本《にっぽん》に最初《さいしょ》に伝《つた》わった鉄砲《てっぽう》、火縄銃《ひなわじゅう》には、着火薬《ちゃっかやく》を入《い》れておく火皿《ひざら》という部品《ぶひん》があったんだ。

火《ひ》をつけた縄《なわ》を火皿《ひざら》につけて、鉄砲《てっぽう》の中《なか》の火薬《かやく》に引火《いんか》して爆発《ばくはつ》させ、弾《たま》を発射《はっしゃ》する仕組《しく》みになっていたんだね。

でも、まちがって火《ひ》がついたらたいへんだから、火皿《ひざら》にはふたがついていて、いざ撃《う》つ、というときに開《あ》けるようになっていたんだ。

そこから、戦《たたか》いが始《はじ》まることを「**火《ひ》ぶたを切《き》る**」というようになったんだよ。

「切《き》る」には、開《あ》ける、外《はず》すという意味《いみ》があるんだ。

「火《ひ》ぶたを切《き》る」と同《おな》じように、戦《たたか》いの様子《ようす》を表《あらわ》す言葉《ことば》に「**火花《ひばな》を散《ち》らす**」があるよ。刀《かたな》と刀《かたな》を激《はげ》しく打《う》ち合《あ》わせて、火花《ひばな》が出《で》そうなほど激《はげ》しく争《あらそ》う、という意味《いみ》で使《つか》われるようになったんだ。

「テニスの試合《しあい》で、ぼくと相手《あいて》は互《たが》いに一歩《いっぽ》もゆずらず、火花《ひばな》を散《ち》らす戦《たたか》いをした」というふうに、真剣勝負《しんけんしょうぶ》の場面《ばめん》で使《つか》われるよ。

火《ひ》にまつわることわざや言葉《ことば》を、ほかにもいくつか紹介《しょうかい》するよ。

「**火《ひ》のない所《ところ》に煙《けむり》は立《た》たぬ**」は、「火《ひ》」が事実《じじつ》、「煙《けむり》」がうわさを表《あらわ》しているんだ。何《なに》かが燃《も》えていなければ煙《けむり》が出《で》ないように、少《すこ》しでも事実《じじつ》がないのなら、うわさが流《なが》れるはずがない、という意味《いみ》になるよ。

うわさが流《なが》れているということは、まったくのでたらめではないんじゃないの？　って、疑《うたが》うときに使《つか》うんだ。

また、あわただしい様子《ようす》や、赤《あか》ちゃんが大《おお》きな声《こえ》で泣《な》き叫《さけ》んでいる様子《ようす》を「**火《ひ》のついたよう**」と表《あらわ》すこともあるね。

反対《はんたい》に、活気《かっき》がなくなって、静《しず》まり返《かえ》ることは「**火《ひ》の消《き》えたよう**」というんだ。

赤《あか》ちゃんの集団予防接種《しゅうだんよぼうせっしゅ》が始《はじ》まると、会場《かいじょう》が火《ひ》のついたようなさわぎになって、終《お》わるとみんな帰《かえ》っちゃって火《ひ》の消《き》えたようになる、という様子《ようす》を想像《そうぞう》するとわかりやすいね。

「爪《つめ》に火《ひ》をともす」は、節約《せつやく》のために、ろうそくを使《つか》わずに爪《つめ》に火《ひ》をつけて明《あか》るくする、という意味《いみ》だけど……絶対《ぜったい》やらないでね！

ひどくまずしい生活《せいかつ》をすること、苦労《くろう》して節約《せつやく》することのたとえなんだよ。

また、とてもケチなことをたとえる場合《ばあい》もあるんだ。

火《ひ》ぶたを切《き》る
戦《たたか》いや試合《しあい》などを始《はじ》める。

負《ま》けられない戦《たたか》い

おもち大好《だいす》き。
残《のこ》ったおもちがひとつ。
ぼくだって。
モグモグ
モグモグ
そして火《ひ》ぶたが切《き》られた。
ぼくのだぞ!!
なにを、ぼくのだぞ!!
そんなことでけんかしないの!!
ドタン
バタン

王手《おうて》をかける

ボードゲームから生《う》まれた言葉《ことば》!?

「王手《おうて》をかける」は将棋《しょうぎ》で使《つか》う言葉《ことば》なんだ。

将棋《しょうぎ》は相手《あいて》に王将《おうしょう》を取《と》られたら負《ま》けなんだけど、あと一手《いって》で相手《あいて》の王将《おうしょう》を取《と》れるときは「王手《おうて》」と宣言《せんげん》するんだ。

そこから、勝利《しょうり》が決《き》まる最終段階《さいしゅうだんかい》に入《はい》ったことを「王手《おうて》をかける」というようになったんだ。

将棋《しょうぎ》の駒《こま》にはそれぞれ、一《ひと》ますずつしか進《すす》めないとか、進《すす》む方向《ほうこう》が限《かぎ》られているとか、動《うご》かしかたに制限《せいげん》があるんだけど、「飛車《ひしゃ》」は前後左右《ぜんごさゆう》に大《おお》きく動《うご》かすことができるんだ。

その飛車《ひしゃ》を、自分《じぶん》から見《み》て高《たか》い位置《いち》に置《お》く手《て》が「高飛車《たかびしゃ》」。

この手《て》をかけられた相手《あいて》は、いつでもそっちに攻《せ》めこむぞ！ っていうプレッシャーを

かけられちゃうよね。

そこから、上《うえ》から目線《めせん》のいばった態度《たいど》のことを「**高飛車**《たかびしゃ》」というようになったんだよ。

「**歩**《ふ》」という駒《こま》は、前《まえ》に一《ひと》つずつしか動《うご》かせないんだけれど、敵陣《てきじん》の三列目《さんれつめ》以内《いない》に入《はい》ると性能《せいのう》が変《か》わり（これを「成《な》る」というよ）、「金将《きんしょう》」という駒《こま》と同《おな》じように、前後《ぜんご》、左右《さゆう》、斜《なな》め前《まえ》に進《すす》めるようになるんだ。この状態《じょうたい》の駒《こま》を「成金《なりきん》」と呼《よ》ぶんだよ。

急《きゅう》にお金持《かねも》ちになった人《ひと》のことを表《あらわ》す「**成金**《なりきん》」という言葉《ことば》も、ここから来《き》ているんだね。

将棋《しょうぎ》は、勝負《しょうぶ》をするだけじゃなくて、ドミノのように並《なら》べて倒《たお》す「将棋倒《しょうぎだお》し」という遊《あそ》びかたもできるんだ。

この遊《あそ》びから、人《ひと》が次々《つぎつぎ》と折《お》り重《かさ》なって倒《たお》れたり、端《はし》からどんどん崩《くず》れていったりするような事故《じこ》の様子《ようす》を「**将棋倒し**《しょうぎだお》」というようになったんだよ。

そのやりかたは反則《はんそく》！　という意味《いみ》で、明《あき》らかにいけないとわかりきっていることに対《たい》して「それは禁《きん》じ手《て》だよ」と、言《い》うことがあるよね。

「**禁**《きん》**じ手**《て》」は、将棋《しょうぎ》だけではなく、相撲《すもう》、囲碁《いご》の用語《ようご》でもあるんだ。

囲碁《いご》も、昔《むかし》から人々《ひとびと》が楽《たの》しんだボードゲームで、碁《ご》を打《う》って殿様《とのさま》に見《み》せることを職業《しょくぎょう》にする人《ひと》もいたぐらい人気《にんき》があったんだよ。

奈良《なら》にある、千年以上前《せんねんいじょうまえ》に建《た》てられた正倉院《しょうそういん》という宝庫《ほうこ》の中《なか》にも、美術工芸品《びじゅつこうげいひん》とともに碁《ご》の道具《どうぐ》が収《おさ》められているくらい歴史《れきし》があるんだ。

囲碁《いご》は、碁盤《ごばん》という板《いた》に引《ひ》かれた縦横《たてよこ》の線《せん》が交《まじ》わるところ、「目《め》」に石《いし》を打《う》つんだよ。石《いし》は白石《しろいし》と黒石《くろいし》があって、相手《あいて》の石《いし》を囲《かこ》んで取《と》りながら、自分《じぶん》の陣地《じんち》を広《ひろ》げていくんだ。石《いし》の置《お》きかたには、いろいろなルールがあるよ。対局《たいきょく》（対戦《たいせん》）するとき、弱《よわ》いほうが、先《さき》に一《ひと》つの目《め》（一目《いちもく》）に石《いし》を置《お》くハンデをもらえるんだ。

これが変化《へんか》して「**一目置《いちもくお》く**」は、相手《あいて》の実力《じつりょく》を認《みと》めて敬意《けいい》を払《はら》う、という意味《いみ》で使《つか》われるようになったよ。

取《と》られるのがわかっている目《め》に、わざと置《お》く石《いし》を「捨《す》て石《いし》」というんだ。相手《あいて》にわざと石《いし》を取《と》らせることでお互《たが》いの陣地《じんち》の形《かたち》が変《か》わるから、それを利用《りよう》して、自《じ》分《ぶん》の陣地《じんち》を広《ひろ》げるテクニックの一《ひと》つなんだね。

このことから、「**捨《す》て石《いし》**」は、今《いま》すぐには役《やく》に立《た》たないけれど、将来《しょうらい》のための備《そな》えとか投資《とうし》という意味《いみ》で使《つか》われるようになったんだ。

将棋《しょうぎ》や囲碁《いご》、相撲《すもう》では、自分《じぶん》が不利《ふり》なとき、「待《ま》った！」とかけ声《ごえ》をかけて、相手《あいて》の手《て》を待《ま》ってもらうことがあるんだ。

それができないことを**「待《ま》ったなし」**といい、転《てん》じて、延《の》ばせる時間《じかん》のないことをいうようになったんだよ。

ふだん使《つか》っている言葉《ことば》の成《な》り立《た》ちを知《し》ると、将棋《しょうぎ》や囲碁《いご》にも興味《きょうみ》がわいてくるね。

王手《おうて》をかける

相手《あいて》の生死《せいし》を決《き》める最終《さいしゅう》の手段《しゅだん》を取《と》る。勝利《しょうり》を得《え》るための最終段階《さいしゅうだんかい》に入《はい》る。

王手《おうて》をかけられて

ムムム……。
王手《おうて》。
さすが出来杉《できすぎ》！
ビシッ
くそっ、こうしてやる!!
あっ、ひどい！
負《ま》けそうになるとすぐこれだ…。
バン

金《かね》に糸目《いとめ》をつけない

お金《かね》のことわざもいろいろあるよ。

お金《かね》を惜《お》しみなくどんどん使《つか》うことを「**金《かね》に糸目《いとめ》をつけない**」っていうね。

「糸目《いとめ》」は、空《そら》にあげる凧《たこ》の姿勢《しせい》を保《たも》つために、表面《ひょうめん》に何本《なんぼん》かつける糸《いと》のことだよ。糸目《いとめ》のない凧《たこ》は、空《そら》にあげても、コントロールできないんだ。

どこへ飛《と》んでいくかわからない凧《たこ》の様子《ようす》を、どこへ消《き》えていこうが気《き》にしないお金《かね》の使《つか》いかたに結《むす》びつけてできた言葉《ことば》なんだね。

糸目《いとめ》をつけずに使《つか》えるぐらいのお金《かね》があることを「**金《かね》がうなるほどある**」というよ。

この「うなる」は、痛《いた》かったり苦《くる》しかったりして「ウンウン」うなることではないんだよ。「うなる」という言葉《ことば》には、満《み》ちあふれる、あり余《あま》るっていう意味《いみ》があるんだ。

うなるほどのお金《かね》があったら、どうしようかなって考《かんが》えるとわくわくしちゃうね。

でも、糸目《いとめ》をつけないお金《かね》の使《つか》いかたを注意《ちゅうい》する**「一銭《いっせん》を笑《わら》う者《もの》は一銭《いっせん》に泣《な》く」**っていうことわざもあるんだよ。

「銭《せん》」はお金《かね》の単位《たんい》で、「一銭《いっせん》」は、一円《いちえん》の百分《ひゃくぶん》の一《いち》の小《ちい》さな金額《きんがく》なんだ。

ことわざの意味《いみ》を、太郎《たろう》さんの話《はなし》で説明《せつめい》するね。

ある日《ひ》、太郎《たろう》さんが、道《みち》で一銭《いっせん》を落《お》としたんだ。

それを親切《しんせつ》な人《ひと》が拾《ひろ》って届《とど》けてくれたのに、

「それっぽっちの金《かね》なんぞいらん。おまえにやるぞ」

と、受《う》け取《と》らなかったんだって。

しばらくして、太郎《たろう》さんが大好物《だいこうぶつ》の大福《だいふく》を買《か》おうとしたときのこと。

財布《さいふ》をあけたとたん、ショックをうけたんだ。

「一個十銭《いっこじっせん》なのに、手持《ても》ちが九銭《きゅうせん》しかない！　これじゃ買《か》えないじゃないか。ああ、あのときの一銭《いっせん》があればなあ……」

わずか一銭《いっせん》が足《た》りなくて、太郎《たろう》さんは大福《だいふく》を泣《な》く泣《な》くあきらめたんだ。

こんなふうに、小《ちい》さな金額《きんがく》をそまつにしていると、いつか小《ちい》さな金額《きんがく》で泣《な》くような目《め》にあうよっていう意味《いみ》なんだよ。

このことわざは、節約《せつやく》や貯金《ちょきん》の大切《たいせつ》さもたとえているんだ。

「しんぼうする木《き》に金《かね》がなる」ということわざは、こつこつと努力《どりょく》していれば、やがて財《ざい》産《さん》を築《きず》くことができるという意味《いみ》だけど、けちけちしすぎるのも、つまらないなあ。

お金《かね》は一《ひと》つのところにとどまらない、ぐるぐる回《まわ》っていつか自分《じぶん》のところにも来《く》るよっていう意味《いみ》の**「金《かね》は天下《てんか》の回《まわ》りもの」**と考《かんが》えると、明《あか》るい気持《きも》ちになれるよね。

金《かね》に糸目《いとめ》をつけない

惜《お》しげもなくお金《かね》を思《おも》いのままに使《つか》う。

オレの母《かあ》ちゃん
ぼくのママは金《かね》に糸目《いとめ》をつけないんだ。
ドーン
はい、スネちゃま。
チエッ、いいなあ。
オレの母《かあ》ちゃんなんか、ゲンコツに糸目《いとめ》をつけないんだぜ。
ポカポカ
また店番《みせばん》逃げたね!!
それは自業自得《じごうじとく》でしょ?

木《き》で鼻《はな》をくる

まちがいが定着《ていちゃく》してしまったことわざ⁉

冷《つめ》たく無愛想《ぶあいそう》に応対《おうたい》することをたとえて「**木《き》で鼻《はな》をくくる**」ようっていうんだ。

ところで、木《き》でどうやって鼻《はな》をくくるんだろう？

木《き》で作《つく》った鼻輪《はなわ》をつけるのかなあと思《おも》ったら、「くくる」は「こくる」のまちがいで、まちがったほうが使《つか》われるようになったんだって。

「こくる」は「こする」っていう意味《いみ》だよ。

昔《むかし》は紙《かみ》が高価《こうか》なものだったけれど、紙《かみ》を使《つか》わず、木《き》で鼻《はな》をこすったりしたら、きっと硬《かた》かっただろうね。

まちがいが定着《ていちゃく》してそのまま使《つか》われている言葉《ことば》には「**独壇場《どくだんじょう》**」もあるよ。

一人《ひとり》の人《ひと》だけが、思《おも》いのままにふるまえる場面《ばめん》や分野《ぶんや》という意味《いみ》だけど、正《ただ》しくは「**独《どく》**

擅場《せんじょう》」なんだ。

自分《じぶん》の思《おも》うままにするっていう意味《いみ》がある漢字《かんじ》「擅《せん》」が、「独《ひと》り」と「場《ば》」と結《むす》びついて、「独擅場《どくせんじょう》」という言葉《ことば》ができたんだよ。

ところが、「擅《せん》」と「壇《だん》」を読《よ》みまちがえているうちに、まちがったほうが広《ひろ》まっちゃったんだ。

「壇《だん》」は「花壇《かだん》」「祭壇《さいだん》」といった言葉《ことば》があるように、土《つち》を盛《も》り上《あ》げた場所《ばしょ》を意味《いみ》する漢字《かんじ》だから、「独壇場《どくだんじょう》」だと意味《いみ》が通《とお》らない言葉《ことば》になっちゃうよね。

へんのちがいだけで、つくりがいっしょだから、まちがえちゃうことも多《おお》かったのかなあ。

まちがったまま使《つか》われているわけではないけど、まちがえやすい言葉《ことば》はほかにもあるよ。

同情《どうじょう》したり、思《おも》いやったりすることを「**情《なさ》けをかける**」というよね。「**情《なさ》けは人《ひと》のためならず**」は、同情《どうじょう》して甘《あま》やかしては、その人《ひと》のためにならないっていう意味《いみ》で使《つか》う人《ひと》が多《おお》いけど、本当《ほんとう》はちがうんだ。

人《ひと》にかけた情《なさ》けは、めぐりめぐっていつか自分《じぶん》に返《かえ》ってくる、人《ひと》に親切《しんせつ》にしておけば良《よ》いことがある、っていう意味《いみ》なんだよ。
情《なさ》けは人《ひと》のためじゃなくて、自分《じぶん》のためにかけるものっていってるんだね。
もう一《ひと》つだけ紹介《しょうかい》しようか。
おいしいものを食《た》べたときに舌《した》を鳴《な》らすことを「舌鼓《したつづみ》を打《う》つ」っていうよね。
この「つづみ」を「づつみ」って言《い》いまちがえちゃうことも多《おお》いよ。
どうだったかな？　かんちがいしていた言葉《ことば》があったら正《ただ》しく覚《おぼ》えておこうね。

木《き》で鼻《はな》をくる

人《ひと》に、冷《つめ》たく無愛想《ぶあいそう》に応対《おうたい》する。

太鼓判《たいこばん》をおす

品質《ひんしつ》を保証《ほしょう》する言葉《ことば》を集《あつ》めたよ！

とってもおいしいお菓子《かし》を食《た》べたときや、おもしろい本《ほん》を読《よ》んだときって、家族《かぞく》や友《とも》だちにも教《おし》えたくならない？

何《なに》かを絶対《ぜったい》にいいものだよ！　って、自信《じしん》をもって言《い》うことを「**太鼓判《たいこばん》をおす**」っていうんだ。

昔《むかし》から、何《なに》かを推薦《すいせん》したり保証《ほしょう》したりする場合《ばあい》、その書類《しょるい》には、推薦《すいせん》した人《ひと》、保証《ほしょう》した人《ひと》の判子《はんこ》をおすものなんだ。

そこから、「これはとってもいいものだから、自分《じぶん》が保証《ほしょう》するよ。なんなら太鼓《たいこ》みたいに大《おお》きな判子《はんこ》をおしてもいいぐらいだよ」と、自信《じしん》を持《も》ってすすめることを表《あらわ》す言葉《ことば》になったんだよ。

似《に》たような意味《いみ》の言葉《ことば》には**「お墨《すみ》つき」**と**「折《お》り紙《がみ》つき」**があるよ。

「お墨《すみ》つき」は、今《いま》でいうサインがもとになっている言葉《ことば》なんだ。

昔《むかし》の人《ひと》は、自分《じぶん》だけのマークを墨《すみ》で書《か》いて、文書《ぶんしょ》が本物《ほんもの》だっていうことを証明《しょうめい》していたんだ。

これを花押《かおう》というよ。今《いま》の判子《はんこ》と同《おな》じようなものと考《かんが》えればいいね。

花押《かおう》には、名前《なまえ》や、自分《じぶん》のイメージに合《あ》う漢字《かんじ》を崩《くず》した字《じ》で書《か》いたものもあったし、動《どう》物《ぶつ》をもとにしたマークもあったんだよ。

身分《みぶん》の高《たか》い人《ひと》が、花押《かおう》を書《か》いて出《だ》す文書《ぶんしょ》はみんなが信用《しんよう》したから、えらい人《ひと》や専門家《せんもんか》からの保証《ほしょう》があることを「お墨《すみ》つき」というようになったんだ。

「彼《かれ》の絵《え》の才能《さいのう》は、一流画家《いちりゅうがか》のお墨《すみ》つきだよ」というふうに使《つか》うよ。

「折《お》り紙《がみ》つき」も昔《むかし》の習慣《しゅうかん》から生《う》まれた言葉《ことば》なんだ。

昔《むかし》は、公式《こうしき》な書類《しょるい》に半分《はんぶん》に折《お》った紙《かみ》を使《つか》っていたんだけど、そのうち、刀《かたな》や美術品《びじゅつひん》につける証明書《しょうめいしょ》（いつ、誰《だれ》によって作《つく》られ、その後誰《ごだれ》がもっていたかなどが書《か》いてあるもの、にも、折《お》り紙《がみ》が使《つか》われるようになっていったんだよ。

このことから、物《もの》や技術《ぎじゅつ》の質《しつ》の高《たか》さを保証《ほしょう》するときに、「折《お》り紙《がみ》つき」っていうようになったんだ。

「あの工務店《こうむてん》が建《た》てた家《いえ》のがんじょうさは、折《お》り紙《がみ》つきだよ」という使《つか》いかたをするよ。

反対《はんたい》に、よくない評判《ひょうばん》がついているのが「**札《ふだ》つき**」で、「札《ふだ》つきのワル」みたいな使《つか》いかたをすることが多《おお》いよ。

そんな札《ふだ》は、絶対《ぜったい》欲《ほ》しくないよね！

太鼓判《たいこばん》をおす

絶対《ぜったい》にまちがいのないことを保証《ほしょう》すること。

のび太《た》くんといえば

のび太《た》くん、君《きみ》に太鼓判《たいこばん》をおしてあげよう。
え？なんの!?
のび太《た》くんといえば、やっぱりこれでしょ！
そんなの自慢《じまん》にもならないよ。
トホホ…
昼寝の天才!!

つじつまが合《あ》う

昔《むかし》は着物《きもの》を着《き》ていたから、着物《きもの》のことわざもたくさんあるね。

「つじ」は、着物《きもの》の縫《ぬ》い目《め》が十字《じゅうじ》に合《あ》うところ、「つま」は、着物《きもの》の裾《すそ》の左右《さゆう》が合《あ》うところ。どちらも、ぴったり合《あ》わないといけないよね。そこから、物事《ものごと》の合《あ》うはずのところが合《あ》わない、ちぐはぐなことを「つじつまが合《あ》わない」というようになったんだ。

たとえば、先生《せんせい》が出席《しゅっせき》をとるとき、

「休《やす》んでいる人《ひと》はいるかな？　いたら手《て》をあげて！」

なんて言《い》ったら、話《はなし》のつじつまがぜんぜん合《あ》ってないよね。もちろん、こんな先生《せんせい》はいないはずだけど。

昔《むかし》はみんな着物《きもの》で暮《く》らしていたから、着物《きもの》にまつわることわざや言葉《ことば》はたくさんあるよ。

着物《きもの》の袖下《そでした》の袋《ふくろ》のようなところを「たもと」というんだ。

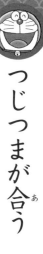

仲良《なかよ》くいっしょに行動《こうどう》することを、「**たもとを連《つら》ねる**」といい、その人《ひと》たちが何《なに》かのきっかけで別《わか》れることを「**たもとを分《わ》かつ**」というのも、昔《むかし》の人《ひと》が着物《きもの》で生活《せいかつ》していたからこその言《い》いかたなんだろうね。

「**ない袖《そで》は振《ふ》れぬ**」は、ないものはどうしようもない、というたとえだね。お金《かね》を貸《か》してほしいと言《い》われて、ないから貸《か》せないよって答《こた》える場面《ばめん》で使《つか》われることがあるよ。

「**袖振《そでふ》り合《あ》うも多生《たしょう》の縁《えん》**」の「袖振《そでふ》り合《あ》う」は、道《みち》で行《い》き合《あ》った人《ひと》どうしの袖《そで》が触《ふ》れあうことなんだ。

着物《きもの》の袖《そで》は、長《なが》くてゆらゆら揺《ゆ》れるから、人《ひと》とすれちがうときに袖《そで》どうしがちょっと触《ふ》れ合《あ》うことも多《おお》かったみたい。

「多生《たしょう》」は、仏教《ぶっきょう》の言葉《ことば》で、何度《なんど》も生《う》まれかわってくることを意味《いみ》しているから、たまたまその人《ひと》と行《い》き合《あ》うのも、この世《よ》に生《う》まれる前《まえ》からの縁《えん》があったからっていう考《かんが》えかたなんだね。

つまり、どんな小《ちい》さな出会《であ》いも大事《だいじ》にしようということをたとえているんだよ。

着物《きもの》には、ボタンもファスナーもないから、脱《ぬ》げないようにとめるとき、欠《か》かせないのが帯《おび》だよね。

「帯《おび》に短《みじか》し、たすきに長《なが》し」は、帯《おび》にするには短《みじか》く、袖《そで》をたくし上《あ》げるためのひもである、たすきには長《なが》いということから、中途半端《ちゅうとはんぱ》で役《やく》に立《た》たないことをいうよ。

今《いま》からずっと先《さき》には、「マフラーに短《みじか》し、ベルトに長《なが》し」なんて、洋服《ようふく》の用語《ようご》を使《つか》ったことわざや言葉《ことば》が増《ふ》えているかもしれないね。

つじつまが合《あ》う

筋道《すじみち》や理屈《りくつ》が通《とお》る。

そのとおり
また0点《てん》とっちゃった……。
もうっ!どうしていつも0点《てん》ばかりとってくるの!?
だって先生《せんせい》がくれるんだもの。
つじつまはあってる…のかな?

おまけ

ことわざクイズ

「弱《よわ》いものでも、追《お》いつめられると必死《ひっし》に相手《あいて》に立《た》ち向《む》かう」様《よう》子《す》をたとえた「○○猫《ねこ》をかむ」ということわざがあるよ。「○○」にはどんな意味《いみ》の言葉《ことば》が入《はい》るのか、わかるかな？

❶追《お》いつめられたタヌキ
❷追《お》いつめられたウサギ
❸追《お》いつめられたネズミ

答《こた》えは１８３ページにあるよ！

第《だい》二《に》章《しょう》
ことわざと有名《ゆうめい》な言葉《ことば》のエピソード

名刀《めいとう》〔電光丸《でんこうまる》〕

ザザザァ
約束《やくそく》の時刻《じこく》をとっくにすぎたのに。
宮本武蔵《みやもとむさし》は何《なに》をしておる！
さては、この小次郎《こじろう》をおそれて…。
すがたをあらわさぬのか。
ザザザァ
ザァ
きましたぞっ。
おくれたぞ、武蔵《むさし》！
待《ま》たせたな、佐々木小次郎《ささきこじろう》。

ザアーーー
ザザザ
秘剣《ひけん》つばめ返《がえ》し！
ガツン
とにかく、武蔵《むさし》ってのは強《つよ》かった。
おれのもっともそんけいする人物《じんぶつ》だ。

それで剣道《けんどう》を習《なら》いはじめたの。
そうなんだよ。
えい、えい、おう。
めいわく………。
ジャイアンは何《なに》か習《なら》うと、すぐためしてみたがるんだから。
相手《あいて》にえらばれちゃたいへん。
そろ
そろり
こらのび太《た》!!
ぴょん
ひとが話《はなし》をしてるのに、かってに帰《かえ》るとはなんだ。
ちょっと用事《ようじ》が……。
おれは気分《きぶん》をこわした。
決《けっ》とうを申《もう》しこむぞ!
時刻《じこく》は午後《ごご》四時《じ》、場所《ばしょ》はいつものあき地《ち》。
みんなの前《まえ》でめちゃめちゃにぶんなぐるつもりなんだ。どうする?
べつに心配《しんぱい》いらない。

名刀《めいとう》「電光丸《でんこうまる》」
レーダーが組《く》みこまれているんだ。
おそってくる敵《てき》の動《うご》きをキャッチし、自動的《じどうてき》に相手《あいて》をたおす。
それさえもってりゃ、ねむっていても勝《か》てるんだよ。
そううまくいくかなあ。
やあ
やあ
にげちゃなんにもならない。
「電光丸《でんこうまる》」があれば必《かなら》ず勝《か》てるんだから。
あとは、むかっていく勇気《ゆうき》さえあればいいんだ。
どうせぼくは勇気《ゆうき》がありません!

きがえて。
「タイムマシン」でどこへいくの？
一六一二年《ねん》の船島《ふなしま》さ。
武蔵《むさし》と小次郎《こじろう》の決《けっ》とうがある。よく見《み》てさんこうにするといい。
こわい、こわい。
ぐらぐら
ぐらぐら
見《み》ろ！あばれたから、
時代《じだい》も場所《ばしょ》もくるってついちゃったぞ。

どれくらいくるったんだよ。
少《すく》なくとも十年《ねん》…。
ゆるせぬ！
ごかいでござる。思《おも》いちがいでござる。
ごかんべんを。
たしかにせっしゃの顔《かお》を見《み》てわらったぞ。
いや、そんなしつれいなことは…。
プフーッ、ほんとにおもしろい顔《かお》だね。
ゲラゲラ
ぬかしたな！
ドラえもうん。
ぼくしらないよ。
ドカン
ステン

ブウン
ガン
ゆるして、ゆるしてえ。
なにいってんだ。きみの勝《か》ちだよ。
ほんとにぼくがたおしたの。
あざやかだったぜ。
自信《じしん》ついたろ。
あれにくらべりゃジャイアンなんて。
そうかもな。
帰《かえ》ろう。

お願《ねが》いがござる。
ぜひともせっしゃを弟子《でし》に。
じょうだんじゃない。ぼくらこれから帰《かえ》るんですよ。
せっしゃ、日本一《にっぽんいち》の武芸者《ぶげいしゃ》になりたいと、修行《しゅぎょう》しておる者《もの》でござるが。
生《う》まれつき気《き》が弱《よわ》くて………。
木刀《ぼくとう》のしあいなら自信《じしん》あるのでござるが、
本物《ほんもの》の刀《かたな》を見《み》るとすくんじゃうのでござる。
みんなからはバカにされ、もう、さむらいをやめようかとさえ。
そんなわけで、あなたのような強《つよ》い先生《せんせい》について、ぜひ修行《しゅぎょう》したいのでござる。
こまるといったらこまるのでござる。
ジャイアンが待《ま》ってる。かまわないで帰《かえ》ろう。
ついてくる！

弟子《でし》にしてくださるまで、どこまでもおともするでござる。
クルッ
こうして足《あし》こしをきたえておられるのですな。
さすがは大先生《だいせんせい》！
ステーン
なるほど！わざところんでいたさをがまんする修行《しゅぎょう》でござるな。
きびしいですなあ。
強《つよ》くなるための修行《しゅぎょう》は。
あのチビめ、こんどこそたたきつぶしてやるぞ！
これだけなかまがいればまけるものか。
遠《とお》くへはいくまい。みんなでさがそう。

約束《やくそく》の時間《じかん》をとっくにすぎたのに、のび太《た》はこない。
あいつ、宮本武蔵《みやもとむさし》のまねをしてやがるな。
おおさぶ。
ヒュウ
こうなれば、ただじゃおかねえ。腕《うで》の二、三本《ぼん》へしおってやる！
ハクショーン。
先生《せんせい》！肩《かた》をたたきましょうか、腰《こし》をもみましょうか。
なんでもおいいつけください。
とてもにげられない。ほんとのことといってあやまっちゃえよ。
しようがないから白状《はくじょう》するけど、
さっき勝《か》ったのはその刀《かたな》のおかげなんだ。
この刀《かたな》の？
まさか！うそでしょう。

アハアハ、先生《せんせい》はじょうだんもおじょうずですな。
いたぞ！
ドドド
にがすな！
ドドドドド
にげるなら、待《ま》ってほしいでござる。
ギラ
ギラ
ギラ
ピピッ
おお、一人《ひとり》でくるか。
あっぱれじゃ！
いきたくないよお。

いくぞ!
ガシッ
ヒャア。
ヘタヘタ
でやあ
カン
ドピューッ
シャーン
ジャリーン

こ、こ、こ、これは。
きみ一人《ひとり》でやったんだよ。
ほんとだってば。
自信《じしん》がついたでござる!
よかったね。
ご恩《おん》はわすれませぬ。
これから修行《しゅぎょう》にはげんで強《つよ》くなります。
申《もう》しおくれました。
せっしゃ、宮本《みやもと》武蔵《むさし》といいます。
さらばでござる。
ええっ。

武蔵《むさし》もはじめは弱《よわ》かったんだね。
自信《じしん》がつくってことはたいしたものだ。
しまった。
「電光丸《でんこうまる》」をもってっちゃったぞ。
あれがないと勝《か》てるわけないよ。
さっきの自信《じしん》はどうした!
あまりなぐられないうちに、じょうずにまけよう。
ここが武蔵《むさし》とのび太《た》のちがいなんだなあ。
ジャイアンならかぜひいて帰《かえ》っちゃったよ。

待《ま》たせたな、小次郎《こじろう》

歴史上《れきしじょう》の有名《ゆうめい》な人物《じんぶつ》の言葉《ことば》だよ！　誰《だれ》の言葉《ことば》かな？

ここからは、歴史《れきし》にかかわる「ことわざ」「慣用句《かんようく》」、それに加《くわ》えて、歴史上《れきしじょう》の有名《ゆうめい》な人物《じんぶつ》の言葉《ことば》を紹介《しょうかい》するね。

最初《さいしょ》は、宮本武蔵《みやもとむさし》という人《ひと》が、佐々木小次郎《ささきこじろう》と果《は》たし合《あ》い(決闘《けっとう》)をしたときに、言《い》ったといわれている言葉《ことば》だよ。

武蔵《むさし》は剣術《けんじゅつ》の天才《てんさい》として有名《ゆうめい》で、多《おお》くの伝説《でんせつ》を残《のこ》している人《ひと》なんだ。

伝説《でんせつ》によると、武蔵《むさし》は少年時代《しょうねんじだい》に山《やま》に入《はい》って、剣術《けんじゅつ》の修行《しゅぎょう》をしたそうだよ。

でもその相手《あいて》は人間《にんげん》じゃなくて、山《やま》にいっぱいいた猿《さる》だったとか。

修行《しゅぎょう》の毎日《まいにち》を送《おく》っているうちに、どんどん強《つよ》くなっていったんだって。

町《まち》に下《お》りてきてからは、あちこち訪《たず》ね歩《ある》き、強《つよ》そうな剣士《けんし》に試合《しあい》を申《もう》しこみ、全員《ぜんいん》に勝《か》ったんだ。

武蔵《むさし》の強《つよ》さは評判《ひょうばん》になり、果《は》たし合《あ》いを申《もう》しこんでくる人《ひと》がどんどん増《ふ》えて、生涯《しょうがい》で六《ろく》十回《じっかい》も戦《たたか》ったといわれているよ。

あるとき、佐々木小次郎《ささきこじろう》から果《は》たし合《あ》いを申《もう》し込《こ》まれたんだ。

激《はげ》しい打《う》ちあいになると人《ひと》の迷惑《めいわく》になるから、二人《ふたり》は本州《ほんしゅう》と九州《きゅうしゅう》の間《あいだ》にある船島《ふなしま》で果《は》たし合《あ》いをすることにしたよ。

その果《は》たし合《あ》い当日《とうじつ》。

小次郎《こじろう》は、「物干《ものほ》しざお」と呼《よ》ばれる長《なが》い刀《かたな》を使《つか》う、すぐれた剣術《けんじゅつ》を身《み》につけた人《ひと》だったんだ。

もちろんこの日《ひ》も、物干《ものほ》しざおをひっさげて、船島《ふなしま》に乗《の》りこんできた小次郎《こじろう》。

だけど、待《ま》てども待《ま》てども武蔵《むさし》が来《こ》ないんだ。

「おかしい……さては、恐《おそ》ろしくなって逃《に》げたのか？」

こんなことを考《かんが》えながら、待《ま》っていたけど、やっぱり武蔵《むさし》は現《あらわ》れない。

「ううむ、なんということ。この小次郎《こじろう》をばかにしておるのか？」

小次郎《こじろう》が、いらいらしてきたとき、声《こえ》がしたよ。

「**待《ま》たせたな、小次郎《こじろう》**」

やっと現《あらわ》れた武蔵《むさし》に小次郎《こじろう》は、

「待《ま》ちかねたぞ、武蔵《むさし》」

と応《こた》えたんだ。

二人《ふたり》の果《は》たし合《あ》いは、手《て》に汗《あせ》にぎる接戦《せっせん》になるかと思《おも》いきや、開始直後《かいしちょくご》の一瞬《いっしゅん》で武蔵《むさし》が勝《か》っちゃったんだ！

さすが、天才《てんさい》といわれるだけのことはあるよね。

武蔵《むさし》は小次郎《こじろう》をいらいらさせるために、わざと遅刻《ちこく》したっていわれているけれど、本当《ほんとう》はどうだったのかな。

小次郎《こじろう》との決闘《けっとう》も含《ふく》めて、武蔵《むさし》は生涯負《しょうがいま》け知《し》らずだったんだ。

自分《じぶん》の兵法《へいほう》（戦《たたか》いかた）をまとめた本《ほん》、『五輪書《ごりんのしょ》』も書《か》いたんだよ。

この題名《だいめい》は昭和時代《しょうわじだい》、オリンピックを表《あらわ》す言葉《ことば》になったんだ。

ベルリンオリンピックの記事《きじ》を書《か》いていたある新聞記者《しんぶんきしゃ》が、「オリンピック」をもっと短《みじか》く表《あらわ》す言葉《ことば》を考《かんが》えていたんだ。

そのときふと、『五輪書《ごりんのしょ》』を思《おも》い出《だ》して、

「オリンピックは五《いつ》つの輪《わ》がシンボルマークだから、五輪《ごりん》がぴったりだ！」

って、思《おも》ったらしいんだよ。

自分《じぶん》の本《ほん》の名《な》がこんな使《つか》われかたをするようになるなんて、武蔵《むさし》は夢《ゆめ》にも思《おも》わなかっただろうね。

待《ま》たせたな、小次郎《こじろう》

佐々木小次郎《ささきこじろう》との果《は》たし合《あ》いのとき、宮本武蔵《みやもとむさし》が言《い》った言葉《ことば》。

もしもジャイアンが
もしもジャイアンが小次郎《こじろう》だったら――
待《ま》たせたな、小次郎《こじろう》！
イラ イラ
おせーぞ!!
武蔵《むさし》のくせに生意気《なまいき》だ!!
ガツン!
武蔵《むさし》の負《ま》け

弘法《こうぼう》にも筆《ふで》の誤《あやま》り

書道《しょどう》の達人《たつじん》、弘法大師《こうぼうだいし》の伝説《でんせつ》を紹介《しょうかい》！

「弘法《こうぼう》」というのは弘法大師空海《こうぼうだいしくうかい》という平安時代《へいあんじだい》の僧侶《そうりょ》のこと。書道《しょどう》の達人《たつじん》として有名《ゆうめい》だったんだ。

その弘法大師《こうぼうだいし》が、都《みやこ》の入《い》り口《ぐち》にあった門《もん》にかける額《がく》に「応天門《おうてんもん》」と書《か》いたときのこと。額《がく》を門《もん》の上《うえ》にかけた後《あと》に「応《おう》」の一画目《いっかくめ》の「、」を書《か》き忘《わす》れたことに気《き》づいたんだ。

「一度《いちど》下《お》ろさないと書《か》き直《なお》せませんね」

と、まわりの人《ひと》が額《がく》を下《お》ろそうとしたとき、

「いえいえ、そのままで大丈夫《だいじょうぶ》ですよ」

と言《い》った弘法大師《こうぼうだいし》は、なんと、墨《すみ》のついた筆《ふで》を額《がく》に向《む》かって投《な》げたんだ。

その筆《ふで》が、足《た》りなかった「、」のところにみごとに当《あ》たって、無事《ぶじ》「応天門《おうてんもん》」という額《がく》

が完成《かんせい》したという言《い》い伝《つた》えがあるよ。

ここから、**「弘法《こうぼう》にも筆《ふで》の誤《あやま》り」**ということわざができたんだ。書道《しょどう》の達人《たつじん》である弘法大師《こうぼうだいし》でも、たまには書《か》きまちがえることがあるという意味《いみ》で、**「猿《さる》も木《き》から落《お》ちる」**と同《おな》じように使《つか》われるよ。

弘法大師《こうぼうだいし》にまつわる不思議《ふしぎ》な伝説《でんせつ》は、書道以外《しょどういがい》にもたくさん残《のこ》っているんだよ。

たとえば、弘法大師《こうぼうだいし》がある農村《のうそん》を訪《おとず》れたときのこと。

のどがかわいたなあ、と思《おも》ったときに一人《ひとり》の老婆《ろうば》が田《た》んぼの手入《てい》れをしていることに気《き》づいたんだ。

「もし、水《みず》を一《いっ》ぱいもらえないかね」

「まあ、修行中《しゅぎょうちゅう》のお坊《ぼう》さまですね、ちょっとお待《ま》ちください」

そう言《い》って、老婆《ろうば》は田《た》んぼにひいている水路《すいろ》の先《さき》の川《かわ》まで行《い》って水《みず》をくんできたんだ。

「お坊《ぼう》さま、どうぞお飲《の》みください」

「わざわざ川《かわ》まで行《い》ってくれたのですか？」

「水路《すいろ》は浅《あさ》いので、お飲《の》みになる水《みず》がにごってしまうといけませんから」

水《みず》をくんできた老婆《ろうば》は、そう言《い》って、にっこり笑《わら》ったんだ。

「その心《こころ》づかいが、うれしいですね。ああ、おいしい水《みず》だ」

のどを鳴《な》らして水《みず》を飲《の》みほした弘法大師《こうぼうだいし》は、思《おも》いついたようにたずねたよ。

「ところで、川《かわ》の水《みず》はいつもたくさん流《なが》れていますか?」

「いえ、雨《あめ》が降《ふ》らない日《ひ》が続《つづ》くと水《みず》が枯《か》れてしまうので、困《こま》っているんです」

「なるほど……。どこか広《ひろ》い場所《ばしょ》に案内《あんない》してもらえませんか?」

老婆《ろうば》は、弘法大師《こうぼうだいし》を、荒《あ》れて田《た》んぼにできない空《あ》き地《ち》に案内《あんない》したよ。

「ここに、泉《いずみ》をつくりましょう」

弘法大師《こうぼうだいし》は、そう言《い》ってから荒《あ》れ地《ち》を杖《つえ》でトン! と突《つ》いたんだ。

すると、たちまち地面《じめん》から水《みず》がわき出《だ》してきたよ!

老婆《ろうば》が驚《おどろ》いているあいだにも、水《みず》はこんこんとわき出《だ》して、あっというまに荒《あ》れ地《ち》が大《おお》きな泉《いずみ》になったんだ。

「お坊《ぼう》さま、ありがとうございます。この泉《いずみ》があれば、もう水《みず》に困《こま》ることはありません」

「どうぞ、みなさんで使《つか》って、幸《しあわ》せに暮《く》らしてくださいね」

弘法大師《こうぼうだいし》は、ゆっくりと歩《ある》きだしてその地《ち》を去《さ》ったんだ。

こんな話《はなし》が、日本中《にほんじゅう》のあちこちで語《かた》りつがれているんだよ。

どんな道具《どうぐ》でも、うまい人《ひと》は上手《じょうず》にできるという意味《いみ》の「**弘法筆《こうぼうふで》を選《えら》ばず**」ということわざもあるよね。

これは、自分《じぶん》が上手《じょうず》にできないのを道具《どうぐ》のせいにしてはいけない、という意味《いみ》で使《つか》われているんだよ。

弘法《こうぼう》にも筆《ふで》の誤《あやま》り
名人《めいじん》もときには失敗《しっぱい》することがある。

弁慶《べんけい》の泣《な》き所《どころ》

弁慶《べんけい》とその主君《しゅくん》のお話《はなし》を紹介《しょうかい》するよ！　五分《ごふん》じゃ足《た》りないかも！

「弁慶《べんけい》」は今《いま》から八百年《はっぴゃくねん》ぐらい前《まえ》にいた、「武蔵坊弁慶《むさしぼうべんけい》」という僧侶《そうりょ》だよ。武器《ぶき》を持《も》って戦《いくさ》にも参加《さんか》する「僧兵《そうへい》」で、強《つよ》いことで有名《ゆうめい》だったんだ。

その弁慶《べんけい》でも足《あし》のむこうずねを打《う》つと泣《な》くぐらい痛《いた》い、ということから、人《ひと》の弱点《じゃくてん》をさす言葉《ことば》になったんだよ。

弁慶《べんけい》もまた、伝説《でんせつ》の多《おお》い人《ひと》なんだ。

弁慶《べんけい》は、お母《かあ》さんのおなかの中《なか》に十八《じゅうはち》か月入《げつはい》っていて、やっと生《う》まれたときには、歯《は》がすっかり生《は》えそろい、髪《かみ》も長《なが》くのびていたんだって。

お父《とう》さんはびっくりして、

「これは、鬼《おに》の子《こ》にちがいない。このままでは、われらにも悪《わる》いことが起《お》きるかもしれん

ぞ。水中《すいちゅう》に投《な》げ捨《す》てるか、山奥《やまおく》で殺《ころ》してしまおう」と、考《かんが》えたんだ。

お母《かあ》さんは必死《ひっし》に止《と》めたよ。

「どんな姿《すがた》で生《う》まれようとも、わが子《こ》に変《か》わりはありません。どうか命《いのち》だけはお助《たす》けくださいっ！」

お母《かあ》さんをあわれに思《おも》ったお父《とう》さんは、弁慶《べんけい》を殺《ころ》すのをやめたんだ。

その後《ご》、親切《しんせつ》な人《ひと》にひきとられた弁慶《べんけい》は、数年後《すうねんご》、比叡山《ひえいざん》のお寺《てら》で僧侶《そうりょ》になる修行《しゅぎょう》を始《はじ》めたよ。

でも、元気《げんき》があり余《あま》っている弁慶《べんけい》は、僧侶《そうりょ》の修行《しゅぎょう》より腕比《うでくら》べや相撲《すもう》のほうが好《す》きで、まったく修行《しゅぎょう》に身《み》が入《はい》らなかったんだ。

それを注意《ちゅうい》されると、その人《ひと》の家《いえ》に行《い》き、暴《あば》れて戸《と》を壊《こわ》したりしたものだから、とうとうお寺《てら》を追《お》い出《だ》されちゃった。

その後《ご》、日本《にっぽん》のあちこちを回《まわ》っているうちに、人《ひと》を襲《おそ》ったり、おどかしたりして刀《かたな》を取《と》り上《あ》げるようになってしまったんだ。

集《あつ》めた刀《かたな》が九百九十九本《きゅうひゃくきゅうじゅうきゅうほん》になった、ある夜《よる》のこと。京都《きょうと》の五条《ごじょう》というところで、千本目《せんぼんめ》にする刀《かたな》を持《も》った人《ひと》が通《とお》りかかるのを待《ま》っていたところに、一人《ひとり》の少年《しょうねん》が、笛《ふえ》を吹《ふ》きながら歩《ある》いてきた。

弁慶《べんけい》は、少年《しょうねん》の腰《こし》に刀《かたな》があるのを見《み》ると

「この橋《はし》を渡《わた》りたければ、その刀《かたな》を置《お》いていけ！」

と、大声《おおごえ》で怒鳴《どな》りながら、長刀《なぎなた》を突《つ》き出《だ》したんだ。

すると、少年《しょうねん》は怖《こわ》がるどころか、

「欲《ほ》しければ取《と》ってみろ！」

と言《い》ったから、弁慶《べんけい》は驚《おどろ》いちゃったよ。

「子《こ》どものくせに生意気《なまいき》な！」

長刀《なぎなた》を振《ふ》り回《まわ》す弁慶《べんけい》の攻撃《こうげき》を、少年《しょうねん》はひらりひらりとかわした。それを見《み》てカーッとなった弁慶《べんけい》は、また長刀《なぎなた》を振《ふ》り上《あ》げて襲《おそ》いかかったんだ。

ところが、振《ふ》り上《あ》げた長刀《なぎなた》が、後《うし》ろのへいにささってしまった！

なんとか抜《ぬ》こうとしているところを、少年《しょうねん》が思《おも》い切《き》り蹴《け》ったので、ついに弁慶《べんけい》は長刀《なぎなた》を取《と》り落《お》とし、負《ま》けてしまったんだ。

少年《しょうねん》が、弁慶《べんけい》に、

「今後《こんご》はこんな乱暴《らんぼう》はするなよ」

と言《い》うと、弁慶《べんけい》は悔《くや》しそうに、

「今日《きょう》は負《ま》けたが、次《つぎ》こそは勝《か》ってみせるぞ」

と言《い》い捨《す》てて去《さ》ってしまった。

その後《ご》、弁慶《べんけい》は何度《なんど》も少年《しょうねん》に勝負《しょうぶ》を挑《いど》んだけれど、結果《けっか》はいつも弁慶《べんけい》の負《ま》け。ついに弁慶《べんけい》は降参《こうさん》して、その少年《しょうねん》の家来《けらい》になることにしたんだよ。

その少年《しょうねん》の名《な》は「牛若丸《うしわかまる》」。このころ、もっとも身分《みぶん》の高《たか》い武士《ぶし》として尊敬《そんけい》されていた源《みなもとの》義朝《よしとも》の子《こ》どもで、義朝《よしとも》が戦《いくさ》に負《ま》けて亡《な》くなったために、一人《ひとり》で寺《てら》に預《あず》けられていたんだ。

こうして、弁慶《べんけい》と牛若丸《うしわかまる》は、いっしょに行動《こうどう》するようになったよ。

牛若丸《うしわかまる》が大人《おとな》になって、「義経《よしつね》」と名前《なまえ》を変《か》えたころ、別《べつ》のところに預《あず》けられていた、義経《よしつね》のお兄《にい》さんの頼朝《よりとも》が源氏《げんじ》のリーダーになって、お父《とう》さんのかたきである平家《へいけ》と戦《たたか》うことになったんだ。

お兄《にい》さんのところにかけつけた義経《よしつね》と弁慶《べんけい》もいっしょに戦《たたか》い、ついに勝《か》ったよ！

その後《ご》、頼朝《よりとも》、義経兄弟《よしつねきょうだい》と弁慶《べんけい》が仲良《なかよ》く暮《く》らしてめでたし、めでたし……だったらよかったんだけど、義経《よしつね》と頼朝《よりとも》にはいろいろな感情《かんじょう》のいきちがいが出《で》てきてしまったんだ。

義経《よしつね》は、頼朝《よりとも》に冷《つめ》たい仕打《しう》ちをされるようになって、とうとう命《いのち》をねらわれるところまできてしまう。

「危《あぶ》ないので、奥州平泉《おうしゅうひらいずみ》（今《いま》の岩手県西磐井郡平泉町《いわてけんにしいわいぐんひらいずみちょう》）に逃《に》げてはどうでしょうか」

「そうだな、あそこでかくまってもらおう」

ということになって、平泉《ひらいずみ》に向《む》かうことになった弁慶《べんけい》と義経《よしつね》。

ところが頼朝《よりとも》が、あちこちの関所《せきしょ》に義経《よしつね》をつかまえろという命令《めいれい》を出《だ》していたんだ。

関所《せきしょ》は、交通《こうつう》の要所《ようしょ》にあって人《ひと》の出入《でい》りを調《しら》べる役所《やくしょ》。ここを通《とお》らなければ奥州《おうしゅう》には行《い》けない。

そこで弁慶《べんけい》と義経《よしつね》は、全国《ぜんこく》を修行《しゅぎょう》して歩《ある》く山伏《やまぶし》に変装《へんそう》した。

奈良《なら》の東大寺《とうだいじ》再建《さいけん》のために寄付《きふ》を頼《たの》んで回《まわ》る「勧進《かんじん》」をしていることにしたんだよ。

勧進《かんじん》をしている山伏《やまぶし》なら、関所《せきしょ》であやしまれることはないと思《おも》ったんだ。

ところが、安宅《あたか》という関所《せきしょ》を通《とお》ろうとしたとき、役人《やくにん》が義経《よしつね》を見《み》て、

「義経《よしつね》の似顔絵《にがおえ》によく似《に》ておるな。そこの者《もの》、顔《かお》を上《あ》げてよく見《み》せてみよ」

と、言《い》ったから、二人《ふたり》はドキッ！

でも、弁慶《べんけい》はあわてずに答《こた》えたんだ。

「わたしどもは、勧進《かんじん》をしております山伏《やまぶし》でございます」

「そうであるならば、勧進帳《かんじんちょう》を持《も》っているはずであろう。ここで読《よ》み上《あ》げてみよ」

寄付《きふ》を頼《たの》む理由《りゆう》が書《か》かれている文書《ぶんしょ》が、勧進帳《かんじんちょう》。

でも、弁慶《べんけい》の勧進《かんじん》はうそだから、もちろん勧進帳《かんじんちょう》は持《も》っていないよね。

大《だい》ピンチ！　かと思《おも》ったら、弁慶《べんけい》は落《お》ち着《つ》きはらって、たまたま持《も》っていた巻物《まきもの》をするりと開《ひら》いて、まるで本物《ほんもの》の勧進帳《かんじんちょう》のように読《よ》み始《はじ》めたんだ。

「さて、じっくりとこの世《よ》について思《おも》ってみれば、お釈迦様《しゃかさま》が仏教《ぶっきょう》の真理《しんり》を語《かた》ってくださり、うんぬん、かんぬん……」

巻物《まきもの》に書《か》いてあるのは、まったく別《べつ》のこと（白紙《はくし》だったのかも）なのに、聞《き》いているだけなら立派《りっぱ》な勧進帳《かんじんちょう》。

でも役人《やくにん》は、信《しん》じていいものかどうか、まだ悩《なや》んでいるみたい。

するとと弁慶《べんけい》がいきなり、

「義経《よしつね》に似《に》ているお前《まえ》なんぞを連《つ》れてきたから、疑《うたが》われてしまったではないか！　ええい、憎《にく》いやつめ、こうしてくれるわ！」

と言《い》って、杖《つえ》で義経《よしつね》を何度《なんど》も何度《なんど》もたたいたんだ。

役人《やくにん》は、驚《おどろ》いて、

「これこれ、そんなにむごい仕打《しう》ちをするものではない。もうよい、行《い》ってよし」

と、通《とお》してくれたんだ。

こうしてなんとか関所《せきしょ》を通《とお》り抜《ぬ》けて、もう大丈夫《だいじょうぶ》というところまで来《き》たとたん、

「関所《せきしょ》を通《とお》るためとはいえ、主君《しゅくん》に乱暴《らんぼう》をはたらくこととなり、申《もう》し訳《わけ》ございませんでした。どうかお許《ゆる》しくださいっ！」

と、弁慶《べんけい》は義経《よしつね》に泣《な》いて謝《あやま》ったよ。

「よいのじゃ、お前《まえ》が気《き》をきかせてくれたからこそ、こうして無事《ぶじ》に関所《せきしょ》を通《とお》れたのだ。ありがたく思《おも》っているぞ」

義経《よしつね》の目《め》にも涙《なみだ》が浮《う》かんでいたんだって。

そして、無事《ぶじ》に平泉《ひらいずみ》に着《つ》き、しばらくは静《しず》かに過《す》ごせたんだけど、ある日《ひ》とうとう義経《よしつね》をつかまえに五百騎《ごひゃっき》もの軍勢《ぐんぜい》がやってきた。

対《たい》する義経側《よしつねがわ》は、たったの十数騎《じゅうすうき》。

五百騎《ごひゃっき》を相手《あいて》にしては、さすがの弁慶《べんけい》もかなわないと、ついに覚悟《かくご》を決《き》めて義経《よしつね》に言《い》ったんだ。

「もはや、ここまででございます」

「弁慶《べんけい》、今《いま》までよく仕《つか》えてくれた。これまでのこと、礼《れい》を言《い》うぞ。わたしは、お堂《どう》の中《なか》で潔《いさぎよ》く最期《さいご》を迎《むか》えるとしよう」

義経《よしつね》を見送《みおく》った弁慶《べんけい》は、敵《てき》が中《なか》に入《はい》れないようにお堂《どう》に続《つづ》く橋《はし》のまん中《なか》に立《た》ちふさがった。

やがて敵《てき》がどんどん現《あらわ》れて、弁慶《べんけい》に矢《や》の雨《あめ》を降《ふ》らせたんだ。

体中《からだじゅう》に矢《や》が突《つ》きささっても、弁慶《べんけい》はびくともせずそこに立《た》ち続《つづ》けていたよ。

命《いのち》がなくなっても、立《た》ったままだったんだ。

これを「弁慶《べんけい》の立《た》ち往生《おうじょう》」というよ。「往生《おうじょう》」とはあの世《よ》に行《い》くこと。つまり、死《し》ぬことなんだ。

ここから、進《すす》むことも退《しりぞ》くこともできない様子《ようす》を「立《た》ち往生《おうじょう》する」というようになったんだよ。

お堂《どう》の中《なか》では、義経《よしつね》も自分《じぶん》で命《いのち》を絶《た》っていたから、二人《ふたり》はいっしょにこの世《よ》を去《さ》ったんだね。

弁慶《べんけい》の泣《な》き所《どころ》

足《あし》のむこうずね。
または、ただ一《ひと》つの弱点《じゃくてん》。
最《もっと》も弱《よわ》い所《ところ》。

ジャイアンの泣《な》き所《どころ》

初心忘《しょしんわす》るべからず

昔《むかし》のミュージカルスターがつくったことわざ？

平安時代《へいあんじだい》、見《み》ている人《ひと》が笑《わら》ってしまうような、物真似《ものまね》などを見《み》せる「猿楽《さるがく》」という芸《げい》ができたんだ。

室町時代《むろまちじだい》、その猿楽《さるがく》を芸術的《げいじゅつてき》な「能《のう》」に発展《はってん》させたのが世阿弥《ぜあみ》という人《ひと》だよ。

世阿弥《ぜあみ》は、作《さく》、演出《えんしゅつ》、役者《やくしゃ》の全部《ぜんぶ》をこなしてしまうほど、いろいろな才能《さいのう》があった人《ひと》なんだ。

その世阿弥《ぜあみ》が書《か》いた『花鏡《かきょう》』という、能《のう》を演《えん》じる人《ひと》への指導書《しどうしょ》の中《なか》に**「初心忘《しょしんわす》るべからず」**という言葉《ことば》があるんだよ。

世阿弥《ぜあみ》のいう「初心忘《しょしんわす》るべからず」は、「若《わか》いころに学《まな》んだ芸《げい》や、そのころ未熟《みじゅく》だったことを忘《わす》れてはいけない。また、その時期《じき》その時期《じき》に経験《けいけん》した新《あたら》しいことを忘《わす》れてはいけ

ない」という教《おし》えなんだ。

今《いま》は「習《なら》い始《はじ》めたころの謙虚《けんきょ》な気持《きも》ちを忘《わす》れてはいけない。最初《さいしょ》の意気《いき》ごみを忘《わす》れてはいけない」という意味《いみ》で使《つか》われるよね。

能《のう》は昔《むかし》の貴族《きぞく》や武士《ぶし》に大人気《だいにんき》で、見《み》るだけじゃなくて、自分《じぶん》で演《えん》じるのを楽《たの》しんだ人《ひと》も多《おお》かったんだよ。

屋敷《やしき》の中《なか》に能舞台《のうぶたい》をつくっていた人《ひと》もいたぐらいなんだ。

能《のう》は、歌《うた》と踊《おど》りと楽器《がっき》の演奏《えんそう》を一度《いちど》に楽《たの》しめるから人気《にんき》が高《たか》かったんだね。

歌《うた》と踊《おど》りと楽器《がっき》の演奏《えんそう》と聞《き》いて、何《なに》かを思《おも》い出《だ》さない？

そう、能《のう》の形式《けいしき》は今《いま》のミュージカルと同《おな》じなんだ。

歌《うた》ったり舞《ま》ったりする役者《やくしゃ》さんがいて、楽器《がっき》の演奏《えんそう》をする人《ひと》、合唱《がっしょう》をする人《ひと》たちが、一《ひと》つの舞台《ぶたい》の上《うえ》にいるんだ。

動《うご》きが静《しず》かで、歌《うた》を謡《うたい》といったり、楽器《がっき》は笛《ふえ》や太鼓《たいこ》、鼓《つづみ》だったりする違《ちが》いはあるけれどね。

みんなには、あまりなじみがない芸能《げいのう》かもしれないけれど、能《のう》や、それに続《つづ》く歌舞伎《かぶき》から生《う》まれた身近《みぢか》な言葉《ことば》はいくつもあるんだよ。

たとえば、自分《じぶん》のいいところを見《み》せられる晴《は》れがましい場《ば》のことを「**檜舞台**《ひのきぶたい》」というよね。

これは特別《とくべつ》に上等《じょうとう》な能《のう》の舞台《ぶたい》が檜《ひのき》でできていて、立派《りっぱ》だったことから使《つか》われるようになった言葉《ことば》なんだ。杉《すぎ》でつくられた舞台《ぶたい》が一般的《いっぱんてき》だったようだよ。

それから、経験《けいけん》を積《つ》んで、仕事《しごと》ぶりが習熟《しゅうじゅく》したり、服装《ふくそう》がよく似合《にあ》っていたりすることを、「**板**《いた》**につく**」というよね。

これはもともと、役者《やくしゃ》が経験《けいけん》を積《つ》んで、その芸《げい》が舞台《ぶたい》にしっくりくるようになることを表《あらわ》した言葉《ことば》なんだ。

「**大見得**《おおみえ》**を切**《き》**る**」。歌舞伎《かぶき》の、感情《かんじょう》の高《たか》ぶるシーンで、役者《やくしゃ》がいったん動《うご》きを止《と》め、にらむようにしてポーズをとることだよ。

そこから、意識《いしき》しておおげさな表情《ひょうじょう》や動《うご》きで、相手《あいて》を圧倒《あっとう》するような自信《じしん》たっぷりの態度《たいど》をとることをいうようになったんだ。

「**大向**《おおむ》**こうをうならせる**」。芝居《しばい》にうるさいくらい詳《くわ》しい人《ひと》が好《この》んで観《み》ていた立《た》ち見席《みせき》（大《おお》向《む》こう）にすら、感嘆《かんたん》の声《こえ》をあげさせるほどすばらしいことだよ。

「十八番《おはこ》」。とっておきの、得意《とくい》とする芸《げい》のこと。
歌《うた》い慣《な》れている曲《きょく》などのことを、「この曲《きょく》はわたしの十八番《おはこ》だ」と言《い》ったりするよね。
これは、「箱書《はこが》きつき」（「箱書《はこが》き」は、中身《なかみ》がすぐれているという保証《ほしょう》を箱《はこ》に書《か》いたもの。すぐれていると認《みと》められた芸《げい》）という意味《いみ》と、ある有名《ゆうめい》な歌舞伎役者《かぶきやくしゃ》の得意《とくい》な演目《えんもく》が十八《じゅうはち》あったことからいわれるようになったらしいよ。

初心忘《しょしんわす》るべからず

それを始《はじ》めたときの謙虚《けんきょ》で真剣《しんけん》な心《こころ》を忘《わす》れるな。最初《さいしょ》の気持《きも》ちを忘《わす》れるな。

忘《わす》れちゃった

「タイムテレビ」で何《なに》を見《み》てるの？
ぼくが初《はじ》めてのび太《た》くんのところに来《き》た日《ひ》。
ぼくがなんのためにここに来《き》たのか忘《わす》れちゃってね。

三本《さんぼん》の矢《や》

力《ちから》をあわせることの大《だい》事《じ》さを教《おし》えてくれるお話《はなし》だよ！

戦国時代《せんごくじだい》の毛利元就《もうりもとなり》という大名《だいみょう》と、その息子《むすこ》たちのエピソードとして伝《つた》わっている有名《ゆうめい》な話《はなし》が**「三本《さんぼん》の矢《や》」**だね。

元就《もとなり》の三人《さんにん》の息子《むすこ》たちは、あんまり仲《なか》がよくなかったんだ。

「わしが生《い》きている間《あいだ》はともかく、その先《さき》は、三人《さんにん》が協力《きょうりょく》してこの毛利家《もうりけ》を守《まも》ってくれなければならぬというのに、困《こま》ったものだ。どうにかして、協力《きょうりょく》することの大切《たいせつ》さをわからせたい」

こう考《かんが》えた元就《もとなり》は、ある日《ひ》、息子《むすこ》たちを呼《よ》んだ。

「父上《ちちうえ》、改《あらた》まってどのようなご用《よう》でしょうか」

「うむ、見《み》せたいものがあってな」

そう言《い》って、元就《もとなり》が出《だ》してきたのは、一本《いっぽん》の矢《や》。

「これを今《いま》から折《お》るので、よく見《み》ておけ」

元就《もとなり》は、両手《りょうて》で持《も》った矢《や》をポキッと折《お》って見《み》せたんだ。

「どうじゃ、簡単《かんたん》に折《お》れるであろう」

「はい、矢《や》は細《ほそ》いものですから、へし折《お》るのは簡単《かんたん》です」

息子《むすこ》たちは返事《へんじ》をしたけれど、なんでこんなことをわざわざ見《み》せるのだろうと、不思議《ふしぎ》そうに顔《かお》を見合《みあ》わせた。

そうしたら、今度《こんど》は矢《や》を三本《さんぼん》出《だ》してきた元就《もとなり》が、

「同《おな》じように折《お》って見《み》せるぞ。よく見《み》ておくのだ」

と言《い》って、束《たば》ねた矢《や》を持《も》った両手《りょうて》に力《ちから》を入《い》れたんだ。

「むむっ、ううむっ……」

力《ちから》を入《い》れても、束《たば》になった矢《や》はぜんぜん折《お》れなかったよ。

「お前《まえ》もやってみるがよい」

元就《もとなり》から三本《さんぼん》の矢《や》を渡《わた》された長男《ちょうなん》は、力《ちから》をこめて折《お》ろうとしたけれど、やっぱり折《お》れな

かった。

その後《ご》、次男《じなん》、三男《さんなん》へと三本《さんぼん》の矢《や》は渡《わた》され、それぞれ折《お》ろうとしてみたけれど、二人《ふたり》も折《お》ることができなかった。

「だめです。どうしても折《お》れません」

「そうじゃ、一本《いっぽん》では弱《よわ》く細《ほそ》い矢《や》も、束《たば》になれば強《つよ》くなることがわかったであろう」

「はい、確《たし》かにそのとおりです」

素直《すなお》に答《こた》えた三人《さんにん》の息子《むすこ》たちの顔《かお》を順番《じゅんばん》に見《み》ながら、元就《もとなり》は、

「お前《まえ》たちも、同《おな》じことであるぞ」

と、静《しず》かに言《い》ったんだ。

そのとき、息子《むすこ》たちは元就《もとなり》がなんのために自分《じぶん》たちを呼《よ》んだのかを知《し》ったんだよ。

「父上《ちちうえ》、尊《とうと》い教《おし》えをありがとうございました」

「一人《ひとり》ではかなわない相手《あいて》や、問題《もんだい》ごとにも、三人《さんにん》で立《た》ち向《む》かえば、きっと良《よ》い結果《けっか》が出《だ》せることでしょう」

「われらも、束《たば》になった矢《や》のように、三人《さんにん》で力《ちから》を合《あ》わせてまいります」

三人《さんにん》が、口々《くちぐち》に言《い》うのを聞《き》いて、元就《もとなり》は満足《まんぞく》そうに言《い》ったんだ。

「わしの思《おも》いをわかってくれて、うれしいぞ」

兄弟仲良《きょうだいなかよ》くすることの大切《たいせつ》さを教《おし》えてくれる話《はなし》だね。

このお話《はなし》、元就《もとなり》が息子《むすこ》たちにあてた手紙《てがみ》の内容《ないよう》をもとに、のちの人《ひと》が創作《そうさく》したものみたいなんだけど、実際《じっさい》にこの三人《さんにん》の息子《むすこ》たちやその子《こ》どもは、お互《たが》い協力《きょうりょく》しあって家《いえ》を守《まも》ったんだって。

三本《さんぼん》の矢《や》
結束《けっそく》することの大切《たいせつ》さを教《おし》えるたとえ話《ばなし》。

一本《いっぽん》の矢《や》でも
ゴホン、ここに一本《いっぽん》の矢《や》がある。
矢《や》は一本《いっぽん》だと簡単《かんたん》に折《お》れるが…、
折《お》れ…あれ!? ちょっと待《ま》って…う～ん!!
折《お》れないじゃん!
ぐい ぐい

風林火山《ふうりんかざん》

「風林火山《ふうりんかざん》」といえば武田信玄《たけだしんげん》。信玄《しんげん》の戦《いくさ》の心構《こころがま》えとは？

甲斐《かい》(山梨県《やまなしけん》)の戦国大名《せんごくだいみょう》、武田信玄《たけだしんげん》が軍旗《ぐんき》に書《か》いていた、「疾如風、徐如林、侵掠如火、不動如山」を縮《ちぢ》めた言《い》いかたが**「風林火山《ふうりんかざん》」**なんだ。

「疾《はや》きこと風《かぜ》の如《ごと》く、徐《しず》かなること林《はやし》の如《ごと》く、侵掠《しんりゃく》すること火《ひ》の如《ごと》く、動《うご》かざること山《やま》の如《ごと》し」と読《よ》むんだよ。

風《かぜ》のように速《はや》く移動《いどう》し、林《はやし》のように静《しず》かに待《ま》ち、火《ひ》のように攻撃《こうげき》をし、山《やま》のようにどっしり構《かま》える、というように、そのときどきに合《あ》った行動《こうどう》をとることが、戦《いくさ》のときは大事《だいじ》だっていう意味《いみ》なんだ。

古代中国《こだいちゅうごく》の孫武《そんぶ》という軍事学者《ぐんじがくしゃ》が書《か》いたとされる『孫子《そんし》』という書物《しょもつ》に出《で》てくる文《ぶん》で、信玄《しんげん》が戦《いくさ》の心構《こころがま》えとして旗《はた》に書《か》いたんだろうね。

『孫子《そんし》』は、信玄《しんげん》の愛読書《あいどくしょ》だったらしいよ。

「相手《あいて》を知《し》り、自分《じぶん》を知《し》れば、何度戦《なんどたたか》っても破《やぶ》れることはない」とか、「勝《か》てる見《み》こみがあるなら戦《たたか》い、なければ戦《たたか》わない」など、『孫子《そんし》』から学《まな》んだ知恵《ちえ》を活用《かつよう》して戦《たたか》っていたんだ。

信玄《しんげん》がどんなふうに戦《たたか》ったか、伝《つた》わっている話《はなし》を紹介《しょうかい》しようね。

信玄《しんげん》は戦《いくさ》で勝《か》ち続《つづ》けて、領地《りょうち》を信濃《しなの》(長野県《ながのけん》)に広《ひろ》げていった。

そんな信玄《しんげん》の最大《さいだい》のライバルは、越後《えちご》(新潟県《にいがたけん》)の上杉謙信《うえすぎけんしん》。

信濃《しなの》の川中島《かわなかじま》というところで、二人《ふたり》は五回《ごかい》も戦《たたか》ったんだ。

四百五十年《よんひゃくごじゅうねん》ぐらい前《まえ》のこと、四回目《よんかいめ》の川中島《かわなかじま》の戦《たたか》いで、謙信《けんしん》(当時《とうじ》は政虎《まさとら》と名乗《なの》っていた)は先《さき》に信玄《しんげん》の城《しろ》、海津城《かいづじょう》を見下《みお》ろせる妻女山《さいじょざん》の上《うえ》に陣《じん》を取《と》った。

高《たか》いところに陣《じん》を構《かま》えると、敵《てき》の動《うご》きがよく見《み》えるからね。

後《あと》から海津城《かいづじょう》に入《はい》った武田軍《たけだぐん》は、逆《ぎゃく》に上杉軍《うえすぎぐん》を山《やま》から引《ひ》きずり下《お》ろす方法《ほうほう》を相談《そうだん》した。

そこで武田家《たけだけ》の家臣《かしん》が、

「キツツキは、くちばしを木《き》の穴《あな》に入《い》れて虫《むし》を食《た》べていると思《おも》われがちです。でも実《じっ》は、虫《むし》がいる反対側《はんたいがわ》をつついて、その音《おと》に驚《おどろ》いて穴《あな》から出《で》てきた虫《むし》を食《た》べておるのです。同《おな》じように、別働隊《べつどうたい》で上杉軍《うえすぎぐん》を驚《おどろ》かせて、彼《かれ》らが山《やま》から下《お》りたところをやっつけてはどうでしょう」

と、提案《ていあん》したんだ。

「なるほど、上杉軍《うえすぎぐん》はあわてて領地《りょうち》に帰《かえ》ろうとするだろうから、帰《かえ》り道《みち》の八幡原《はちまんぱら》で待《ま》ちぶせすれば挟《はさ》み撃《う》ちにできるぞ」

武田軍《たけだぐん》は、この作戦《さくせん》を「キツツキ戦法《せんぽう》」と名付《なづ》けて、さっそくその夜《よる》、実行《じっこう》に移《うつ》すことにした。

その同《おな》じ日《ひ》の夕方《ゆうがた》、謙信《けんしん》は妻女山《さいじょざん》で海津城《かいづじょう》の様子《ようす》を見《み》ていたんだ。

「おや？　炊飯《すいはん》の煙《けむり》がいつもより多《おお》く出《で》ているぞ。飯《めし》を多《おお》く炊《た》くのは、兵《へい》に持《も》たせるためか……今夜戦《こんやいくさ》を仕《し》かけてくるつもりだな！」

謙信《けんしん》は武田軍《たけだぐん》の作戦《さくせん》を見破《みやぶ》り、夜《よる》になるとすぐに行動《こうどう》に移《うつ》ったんだ。

「武田軍《たけだぐん》に気《き》づかれないように、音《おと》を立《た》てずに静《しず》かに山《やま》を下《お》りるのだ。われらがいなくなったことを知《し》られないように、かがり火《び》はそのままで」

こうして、上杉軍《うえすぎぐん》はこっそりと山《やま》を下《お》りることに成功《せいこう》。

夜《よ》が明《あ》けたころ、あたりには深《ふか》い霧《きり》がたちこめていた。

その霧《きり》の向《む》こうの妻女山《さいじょざん》は、しんと静《しず》まり返《かえ》っていたから、

「もう、別働隊《べつどうたい》が上杉《うえすぎ》の陣《じん》を襲《おそ》っているころなのに、なぜあんなに静《しず》かなのだ⁉」

と、八幡原《はちまんばら》の本陣《ほんじん》で信玄《しんげん》が不思議《ふしぎ》に思《おも》ったそのとき、武田軍《たけだぐん》から悲鳴《ひめい》が上《あ》がった。

「上杉軍《うえすぎぐん》が目《め》の前《まえ》にいるぞ！」

別働隊《べつどうたい》を出《だ》して小《ちい》さくなっていた武田軍《たけだぐん》は、霧《きり》の中《なか》から突然現《とつぜんあらわ》れた上杉軍《うえすぎぐん》に激《はげ》しい勢《いきお》いで攻《せ》めこまれた。

妻女山《さいじょざん》に向《む》かった別働隊《べつどうたい》はというと、上杉《うえすぎ》の陣《じん》が空《から》っぽだったから、

「しまった！　もう敵《てき》は山《やま》を下《お》りているぞ！　本陣《ほんじん》が危《あぶ》ない、急《いそ》げっ！」

と、あわてて本陣《ほんじん》に向《む》かっているところだったんだ。

八幡原《はちまんばら》では信玄《しんげん》が、

「別働隊《べつどうたい》が到着《とうちゃく》するまで、ふんばるのだ！」

と軍《ぐん》の指揮《しき》をとり、一方《いっぽう》の謙信《けんしん》は、

「別働隊《べつどうたい》が来《く》る前《まえ》に信玄《しんげん》の首《くび》を取《と》ってしまえっ！」

と、指揮《しき》していた。

信玄《しんげん》は、あわやというところまで攻《せ》めこまれたんだけど、別働隊《べつどうたい》が到着《とうちゃく》してからは、はさみ撃《う》ちとなって形勢《けいせい》が逆転《ぎゃくてん》、謙信《けんしん》がしかたなく引《ひ》き下《さ》がったので、この勝負《しょうぶ》は引《ひ》き分《わ》け。

川中島《かわなかじま》の戦《たたか》いはこの後《あと》の五回目《ごかいめ》が最後《さいご》になって、そこでも勝負《しょうぶ》がつかなかったんだ。

信玄《しんげん》だけでなく、謙信《けんしん》も戦《いくさ》を研究《けんきゅう》していたんだね。

風林火山《ふうりんかざん》

風《かぜ》のように速《はや》く、林《はやし》のように静《しず》かに、火《ひ》のように攻撃《こうげき》し、山《やま》のように構《かま》えるという戦《いくさ》の心構《こころがま》え。

敵《てき》に塩《しお》を送《おく》る

ライバルを助《たす》けたお話《はなし》から生《う》まれたことわざ！

ある和菓子屋《わがしや》さんが、すぐ近《ちか》くにあるケーキ屋《や》さんに砂糖《さとう》を貸《か》してあげたことがあるんだ。

同《おな》じお菓子屋《かしや》さんどうしで商売《しょうばい》がたきなんだけど、そのときは、ケーキ屋《や》さんがうっかり砂糖《さとう》を切《き》らしてしまって困《こま》っていたらしい。

「これじゃ、敵《てき》に塩《しお》じゃなくて砂糖《さとう》を送《おく》るになっちゃうな、ははは」

って和菓子屋《わがしや》さんは笑《わら》っていたよ。

こんなふうに、ライバルが困《こま》っているときに助《たす》けることを「**敵《てき》に塩《しお》を送《おく》る**」っていうんだ。

この言葉《ことば》は、越後《えちご》の上杉謙信《うえすぎけんしん》がライバルだった甲斐《かい》の武田信玄《たけだしんげん》のピンチを救《すく》ったことが

もとになっているといわれているよ。

謙信《けんしん》は、「義《ぎ》」、つまり正《ただ》しいことを何《なに》よりも重《おも》んじていたんだ。物事《ものごと》を損《そん》か得《とく》かで考《かんが》えず、正《ただ》しいか、そうでないかで考《かんが》える人《ひと》だったんだね。

川中島《かわなかじま》の戦《たたか》いも、信濃《しなの》に攻《せ》めこんだ信玄《しんげん》に追《お》われ、逃《に》げてきた人《ひと》たちに頼《たの》まれて出陣《しゅつじん》したんだよ。

あるとき、武田家《たけだけ》が、長《なが》い間結《あいだむす》んでいた駿河《するが》(静岡県《しずおかけん》)の今川家《いまがわけ》との同盟《どうめい》を一方的《いっぽうてき》に破《やぶ》ってしまった。怒《おこ》った今川家《いまがわけ》は、やはり同盟《どうめい》を結《むす》んでいた北条家《ほうじょうけ》に連絡《れんらく》をした。

「武田《たけだ》の信玄《しんげん》めが、わが今川《いまがわ》に背《せ》を向《む》けましたぞ」

「なんと、武田《たけだ》が裏切《うらぎ》りおったか」

「北条殿《ほうじょうどの》、なんとか信玄《しんげん》めをぎゃふんと言《い》わせる方法《ほうほう》はございませんか?」

「それなら、塩《しお》を止《と》めてしまうというのはどうだ?」

「おお! さすが北条殿《ほうじょうどの》、名案《めいあん》ですな」

今川家《いまがわけ》と北条家《ほうじょうけ》は、協力《きょうりょく》して武田家《たけだけ》を困《こま》らせることにしたよ。

それまで、武田家《たけだけ》は今川家《いまがわけ》と北条家《ほうじょうけ》を通《とお》して塩《しお》を買《か》っていたんだけど、その塩《しお》を買《か》えなくしてしまったんだ。

人《ひと》が生《い》きていくのに絶対《ぜったい》に必要《ひつよう》な塩《しお》が手《て》に入《はい》らなくなった信玄《しんげん》は、さすがに困《こま》って家臣《かしん》に相談《そうだん》した。

「このままでは、領民《りょうみん》が生《い》きていけない。なんとか手配《てはい》できないのか？」

「わが甲斐《かい》には、海《うみ》がありませんから、塩《しお》を作《つく》ることはできません。どこからか買《か》わなければ、塩《しお》を手《て》に入《い》れることは無理《むり》にございます」

「ううむ、今川《いまがわ》と北条《ほうじょう》から買《か》うのが無理《むり》となると、あとは上杉《うえすぎ》から買《か》うしかない。これは、困《こま》ったことであるなあ」

何度《なんど》も戦《いくさ》をしている上杉家《うえすぎけ》に助《たす》けを求《もと》めるわけにもいかないし、助《たす》けてくれるはずもないと思《おも》ったただろうね。

ところが、信玄《しんげん》が困《こま》っていることを知《し》った謙信《けんしん》は、家臣《かしん》に、甲斐《かい》に塩《しお》を送《おく》るようにと命《めい》じたんだ。

「しかし、武田《たけだ》は敵《てき》ですぞ。困《こま》らせておけばよいではありませんか」

「いかにも、信玄《しんげん》とは戦《たたか》っているが、甲斐《かい》の領民《りょうみん》と戦《たたか》っているわけではない。塩《しお》のないまま暮《く》らせというのは、死《し》ねというのも同《おな》じこと。領民《りょうみん》の苦《くる》しみを黙《だま》って見《み》ていることは、わしにはできぬ。戦《いくさ》は、塩《しお》や米《こめ》でするものではなく、弓《ゆみ》でするものぞ」

ただちに甲斐《かい》に塩《しお》がどっさり送《おく》られ、信玄《しんげん》から謙信《けんしん》にお礼《れい》の太刀《たち》が贈《おく》られたと伝《つた》わっているよ。

この伝説《でんせつ》から、ライバルを助《たす》けることを「敵《てき》に塩《しお》を送《おく》る」というようになったんだ。「義《ぎ》」を重《おも》んじた謙信《けんしん》らしいエピソードだね。

敵《てき》に塩《しお》を送《おく》る

争《あらそ》いに関係《かんけい》ない分野《ぶんや》では、敵《てき》であっても援助《えんじょ》の手《て》をさしのべること。

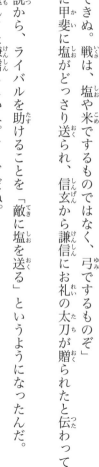

袋《ふくろ》のねずみ

「袋《ふくろ》のねずみ」を知《し》らせた戦国女性《せんごくじょせい》のお話《はなし》だよ！


逃《に》げ道《みち》をふさがれてしまった状態《じょうたい》を「**袋《ふくろ》のねずみ**」というんだ。

ドラマや映画《えいが》で、隠《かく》れ家《が》にいる犯人《はんにん》を見《み》つけた刑事《けいじ》が、大勢《おおぜい》でまわりを囲《かこ》んで
「お前《まえ》はもう完全《かんぜん》に包囲《ほうい》されているぞ。おとなしく出《で》てこい！」

と呼《よ》びかけるシーンがあるよね。

ああいう状態《じょうたい》を袋《ふくろ》に入《はい》ったねずみにたとえているんだ。

たとえねずみがどんなに暴《あば》れても、袋《ふくろ》に閉《と》じこめられちゃったら、もう逃《に》げられないからね。

今回《こんかい》は、このことわざにぴったりのエピソードを紹介《しょうかい》しよう。

武田信玄《たけだしんげん》や上杉謙信《うえすぎけんしん》が活躍《かつやく》していた戦国時代《せんごくじだい》、めきめきと勢力《せいりょく》を広《ひろ》げていたのが尾張《おわり》

(愛知県《あいちけん》)の織田信長《おだのぶなが》。

この信長《のぶなが》のピンチに、「あなたは袋《ふくろ》のねずみで危険《きけん》な状態《じょうたい》ですよ」って、知恵《ちえ》を使って知《し》らせた人《ひと》がいるんだよ。

その人《ひと》は、信長《のぶなが》の妹《いもうと》でお市《いち》の方《かた》と呼《よ》ばれていたんだ。

とても美《うつく》しい人《ひと》で、信長《のぶなが》の家臣《かしん》だった豊臣秀吉《とよとみひでよし》もあこがれていたといわれているよ。

お市《いち》の方《かた》は、近江《おうみ》(滋賀県《しがけん》)の浅井長政《あざいながまさ》(「浅井《あさい》」と読《よ》む説《せつ》もあり)という大名《だいみょう》と結婚《けっこん》したんだ。

信長《のぶなが》が浅井家《あざいけ》を味方《みかた》につけたくて、妹《いもうと》との結婚話《けっこんばなし》を進《すす》めたんだね。

お市《いち》の方《かた》と長政《ながまさ》は、結婚《けっこん》して仲良《なかよ》く暮《く》らしていたんだけど、あるとき困《こま》ったことが起《お》きてしまった。

「実《じつ》は、信長殿《のぶながどの》が、朝倉家《あさくらけ》と戦《たたか》うことになってしまった」

長政《ながまさ》からこう聞《き》かされたお市《いち》の方《かた》は、胸《むね》が張《は》り裂《さ》けそうだったろうね。

「朝倉《あさくら》は、わが浅井家《あざいけ》にとって大《おお》きなご恩《おん》のある家《いえ》ですわ。朝倉家《あさくらけ》から、ともに織田家《おだけ》と戦《たたか》うようにと言《い》ってくることでしょう」

「そうなのじゃ、それでわしも困《こま》っておるのよ」

このあと、朝倉家《あさくらけ》と浅井家《あざいけ》が話《はな》し合《あ》いをして、ついに恐《おそ》れていたとおりになった。

「市《いち》、すまぬな。そなたの兄《あに》と戦《たたか》うことになってしまった」

「しかたのないことです。お兄《にい》さまは、なんと言《い》っていますか？」

「いや、朝倉《あさくら》につくことは、秘密《ひみつ》なのじゃ。朝倉《あさくら》の城《しろ》に向《む》かう織田軍《おだぐん》の背後《はいご》から、わが浅《あざ》井家《いけ》の軍勢《ぐんぜい》が攻《せ》めることにしたのだ」

お市《いち》の方《かた》は悩《なや》んだ。

「お兄《にい》さまに、知《し》らせたい。けれど、それをすれば浅井家《あざいけ》を裏切《うらぎ》ることになる。でも、浅《あざ》井《い》が自分《じぶん》を裏切《うらぎ》るとは、お兄《にい》さまだって思《おも》っていないはず」

いよいよ戦《いくさ》が始《はじ》まり、浅井家《あざいけ》の計画《けいかく》を知《し》らない信長《のぶなが》は、朝倉《あさくら》の軍勢《ぐんぜい》と向《む》かいあっていた。

その背後《はいご》に、浅井《あざい》の軍《ぐん》が向《む》かおうとしていたとき、とうとうお市《いち》の方《かた》は決心《けっしん》したんだ。

お市《いち》の方《かた》は、小豆《あずき》を入《い》れた袋《ふくろ》の両側《りょうがわ》をひもでしばったものを陣中見舞《じんちゅうみま》いとして、信長《のぶなが》に送《おく》った。

「浅井《あざい》は織田《おだ》を裏切《うらぎ》って、背後《はいご》から攻《せ》めてきます。前《まえ》に朝倉《あさくら》、後《うし》ろに浅井《あざい》、お兄《にい》さまは逃《に》げ道《みち》なしになります」

手紙《てがみ》にそう記《しる》すかわりに、なんとかしてその危機《きき》を伝《つた》えようとしたんだね。

袋《ふくろ》の小豆《あずき》を受《う》け取《と》った信長《のぶなが》は、しばらく考《かんが》えて、

「これは……袋《ふくろ》のねずみ、ということか」

と、お市《いち》の方《かた》のメッセージを読《よ》み取《と》り、一目散《いちもくさん》に戦場《せんじょう》を離《はな》れて逃《に》げ帰《かえ》り、難《なん》を逃《のが》れたんだって。

袋《ふくろ》のねずみ

追《お》い詰《つ》められて逃《に》げられないこと。

敵《てき》は本能寺《ほんのうじ》にあり

本当《ほんとう》の目的《もくてき》は別《べつ》にある、という意味《いみ》の言葉《ことば》だよ！

「敵《てき》は本能寺《ほんのうじ》にあり」と言《い》ったといわれているのは、織田信長《おだのぶなが》の家臣《かしん》、明智光秀《あけちみつひで》だよ。主君《しゅくん》である織田信長《おだのぶなが》を襲《おそ》ったときの言葉《ことば》らしいんだけど、そもそも、なんでそんなことになったんだろう。

いろいろな説《せつ》があるんだけど、今回《こんかい》はその中《なか》の一《ひと》つを紹介《しょうかい》するね。

ある戦《いくさ》に勝《か》った信長《のぶなが》が、家臣《かしん》たちを集《あつ》めて祝《いわ》いの宴《うたげ》を開《ひら》いたときのこと。

「われらも骨《ほね》を折《お》ってまいったかいがありました」

という光秀《みつひで》の言葉《ことば》に激《はげ》しく怒《おこ》った信長《のぶなが》が、

「お前《まえ》がどこで骨《ほね》を折《お》ったと申《もう》すか！」

と言《い》いながら、光秀《みつひで》を室外《しつがい》に引《ひ》きずり出《だ》し、血《ち》が出《で》るほど強《つよ》く、頭《あたま》を手《て》すりにたたきつ

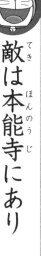

けたんだ。

自分《じぶん》の力《ちから》で天下《てんか》統一《とういつ》という一大事業《いちだいじぎょう》に王手《おうて》をかけたつもりの信長《のぶなが》にしてみれば、家臣《かしん》の力《ちから》を借《か》りたかのような言《い》いかたに聞《き》こえて、許《ゆる》せなかったみたいだね。

またあるとき、信長《のぶなが》が徳川家康《とくがわいえやす》を安土城《あづちじょう》に招待《しょうたい》して、もてなし役《やく》を光秀《みつひで》に命《めい》じたんだ。

光秀《みつひで》は、まじめな人《ひと》だったから、精《せい》いっぱいのもてなしをしようとした。

ところが、信長《のぶなが》が光秀《みつひで》の準備《じゅんび》の様子《ようす》を見《み》に来《き》たとき、夏《なつ》だったこともあり、生魚《なまざかな》が少《すこ》し傷《いた》んでいたんだ。

腐《くさ》った魚《さかな》のにおいに気《き》がついた信長《のぶなが》は、怒《おこ》って光秀《みつひで》を激《はげ》しくののしり、もてなし役《やく》を別《べつ》の人《ひと》に替《か》えてしまったんだよ。

その後《ご》も、光秀《みつひで》は自分《じぶん》より格下《かくした》の人《ひと》の部下《ぶか》にされたり、がんばって治《おさ》めていた領地《りょうち》を取《と》り上《あ》げられたりしたんだ。

そしてついに運命《うんめい》の日《ひ》。

信長《のぶなが》は、六月一日《ろくがつついたち》に京《きょう》の本能寺《ほんのうじ》で茶会《ちゃかい》を開《ひら》いて、そのままそこに泊《と》まったんだ。

同《おな》じ日《ひ》、光秀《みつひで》は中国地方《ちゅうごくちほう》の大名《だいみょう》との戦《いくさ》に行《い》くはずだったんだけど……。

夜《よる》になって急《きゅう》に、家臣《かしん》たちに、

「敵《てき》は本能寺《ほんのうじ》にあり！」

と言《い》って、主君《しゅくん》である信長《のぶなが》を討《う》ち取《と》ることを明《あ》かしたんだ。

家臣《かしん》たちは驚《おどろ》いたけれど、本能寺《ほんのうじ》へ向《む》かい、寺《てら》のまわりを囲《かこ》んでから攻撃《こうげき》をかけた。

わずかな家臣《かしん》しか連《つ》れていなかった信長《のぶなが》は、圧倒的《あっとうてき》に不利《ふり》！

「これは謀反《むほん》か？　誰《だれ》が攻《せ》めてきたのだ？」

信長《のぶなが》の問《と》いに家臣《かしん》が、

「明智《あけち》の謀反《むほん》にございますっ！」

と答《こた》えると、信長《のぶなが》は、

「是非《ぜひ》に及《およ》ばず」

と言《い》ったといわれているんだよ。

これは、「しかたない」という意味《いみ》だけど、今《いま》の言葉《ことば》にすると「しようがねえや」になるのかな。

覚悟《かくご》を決《き》めた信長《のぶなが》は、炎《ほのお》の中《なか》で自《みずか》ら命《いのち》を絶《た》ったと伝《つた》えられているんだ。

その後《ご》、明智軍《あけちぐん》と信長《のぶなが》のあとを継《つ》ごうとする羽柴秀吉《はしばひでよし》の軍《ぐん》が、山崎《やまざき》（京都府《きょうとふ》）の天王山《てんのうざん》で戦《たたか》ったことから、勝敗《しょうはい》や運命《うんめい》の重大《じゅうだい》な分《わ》かれ目《め》を**「天王山《てんのうざん》」**というようになったんだよ。

光秀《みつひで》は、そんなに早《はや》く秀吉《ひでよし》が戻《もど》ってくると思《おも》っていなかったことや、思《おも》うように味方《みかた》になってくれる軍勢《ぐんぜい》が集《あつ》まらなかったこともあって、負《ま》けてしまうんだ。

わずかの間《あいだ》しか天下《てんか》を取《と》れなかったし、実際《じっさい》の政務《せいむ》を行《おこな》ったのは三日《みっか》だったといわれ、そこから、権力《けんりょく》を握《にぎ》った期間《きかん》が短《みじか》いことを**「三日天下《みっかてんか》」**というようになったよ。

敵《てき》は本能寺《ほんのうじ》にあり

本当《ほんとう》の目的《もくてき》は別《べつ》のところにあるということ。

本当《ほんとう》の目的《もくてき》
勉強《べんきょう》するから茶《ちゃ》の間《ま》を使《つか》わせてね。
あら、えらいわね。どうぞ。
アハハ、うまくいったぞ。
本当《ほんと》の目的《もくてき》はこっちか…。

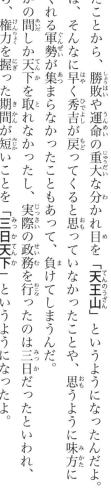

元《もと》の木阿弥《もくあみ》

殿様《とのさま》の身代《みが》わりになった木阿弥《もくあみ》のお話《はなし》。

次郎《じろう》くんが学校《がっこう》で、好《す》きな女《おんな》の子《こ》のとなりの席《せき》になったとき、はりきってやる気《き》を出《だ》していたのに、次《つぎ》の席替《せきが》えで離《はな》れちゃったら、すっかりだらけちゃったんだ。

こんなふうに、いちど良《よ》くなった状態《じょうたい》が元《もと》に戻《もど》ることを**「元《もと》の木阿弥《もくあみ》」**っていうんだよ。

今回《こんかい》は、この言葉《ことば》がどうやって生《う》まれたか紹介《しょうかい》しようね。

戦国時代《せんごくじだい》の大和《やまと》（奈良県《ならけん》）の大名《だいみょう》、筒井順昭《つついじゅんしょう》は若《わか》くして病気《びょうき》になってしまったんだ。

「どうやら、わしはもう長《なが》くは生《い》きられないようじゃ。だが、筒井《つつい》の家《いえ》のまわりは敵《てき》が多《おお》い。息子《むすこ》は、まだ二歳《にさい》。わしが死《し》ねば、すぐにやつらが攻《せ》めこんでくるじゃろう」

順昭《じゅんしょう》がそう思《おも》い悩《なや》んでいたとき、ある寺《てら》で自分《じぶん》にそっくりな男《おとこ》を見《み》かける。

「なんと、不思議《ふしぎ》なことがあるものじゃ。むむ、待《ま》てよ？　いいことを思《おも》いついたぞ！」

順昭《じゅんしょう》は、城《しろ》に戻《もど》るとさっそく家臣《かしん》を呼《よ》んで言《い》ったんだ。

「わしが死《し》んでも、しばらくはそのことは秘密《ひみつ》にしておくように」

「ええっ！　そんなこと、すぐにばれてしまいます」

「大丈夫《だいじょうぶ》じゃ、わしに瓜二《うりふた》つの木阿弥《もくあみ》という男《おとこ》を城《しろ》に呼《よ》んで、わしのふりをさせておけば、当分《とうぶん》ばれずにすむじゃろう」

「ははーっ」

家臣《かしん》は、一日《いちにち》でも長《なが》く順昭《じゅんしょう》に生《い》きてほしかったけれど、その願《ねが》いもむなしく彼《かれ》は死《し》んでしまう。

家臣《かしん》は、順昭《じゅんしょう》の言《い》いつけどおり、木阿弥《もくあみ》を城《しろ》に呼《よ》んで大名《だいみょう》のふりをさせることにした。

木阿弥《もくあみ》は、それまでつましい暮《く》らしをしていたから、

「うひゃあ、なんとまあ、きれいな着物《きもの》だろうか。それにこの食事《しょくじ》のうまいこと。手《て》をたたけば、誰《だれ》か飛《と》んできて用《よう》を言《い》いつけられるなんて、大名《だいみょう》ってえらいんだなあ。布団《ふとん》もふかふかで、寝心地《ねごこち》ばつぐん！　極楽《ごくらく》、極楽《ごくらく》」

と、ぜいたくな暮《く》らしを楽《たの》しんでいたんだ。

その間《かん》、家臣《かしん》たちは、幼《おさな》い息子《むすこ》が育《そだ》つまで待《ま》っていたわけではなく、敵《てき》に対抗《たいこう》できる態《たい》勢《せい》を一生懸命整《いっしょうけんめいととの》えたんだ。

そして数年後《すうねんご》に順昭《じゅんしょう》の死《し》を公表《こうひょう》したので、役目《やくめ》を終《お》えた木阿弥《もくあみ》は寺《てら》に戻《もど》されちゃったんだ。

「ああ、またこの寺《てら》でのつましい暮《く》らしに逆戻《ぎゃくもど》りかあ。大名暮《だいみょうぐ》らしは、一時《いっとき》の夢《ゆめ》だったんだなあ」

木阿弥《もくあみ》は、がっかりしながらもまた元《もと》の暮《く》らしに戻《もど》ったんだよ。

この話《はなし》から、「元《もと》の木阿弥《もくあみ》」という言葉《ことば》ができたといわれているんだ。

ところで、幼《おさな》くして父《ちち》である順昭《じゅんしょう》を亡《な》くした息子《むすこ》、順慶《じゅんけい》は成長《せいちょう》して織田信長《おだのぶなが》の家臣《かしん》になったんだ。

順慶《じゅんけい》と明智光秀《あけちみつひで》は、仲《なか》がよかったといわれているよ。

だから光秀《みつひで》は、信長《のぶなが》を殺《ころ》し、その部下《ぶか》の羽柴秀吉《はしばひでよし》と戦《たたか》ったとき、順慶《じゅんけい》が味方《みかた》になってくれると信《しん》じて、援軍《えんぐん》を出《だ》すように頼《たの》んだんだ。

でも、順慶《じゅんけい》は兵《へい》を出《だ》さず、城《しろ》にこもって中立《ちゅうりつ》を保《たも》ったんだよ。

ところが、洞ヶ峠《ほらがとうげ》というところまで兵《へい》を出《だ》して、そこで、勝《か》ちそうなほうに味方《みかた》しようと戦《いくさ》の成《な》り行《ゆ》きをながめていた、というデマが流《なが》れて、それが言《い》い伝《つた》えとして残《のこ》ってしまったんだ。

それで今《いま》でも、有利《ゆうり》なほうにつこうと形勢《けいせい》をうかがうことを、**「洞ヶ峠《ほらがとうげ》」**とか**「洞ヶ峠《ほらがとうげ》をきめこむ」**というんだよ。

これを知《し》ったら順慶《じゅんけい》は、くやしがるだろうね。

元《もと》の木阿弥《もくあみ》

いったんよい状態《じょうたい》になったのに、また元《もと》の状態《じょうたい》に戻《もど》ってしまうこと。

小田原評定《おだわらひょうじょう》

結論《けつろん》が出《で》ない話《はな》し合《あ》いをずっと続《つづ》けた北条氏《ほうじょうし》の行《ゆ》く末《すえ》は！？


長《なが》い時間《じかん》をかけても結論《けつろん》が出《で》ない話《はな》し合《あ》いを「小田原評定《おだわらひょうじょう》」というんだ。

「評定《ひょうじょう》」は、人《ひと》が集《あつ》まって相談《そうだん》して決《き》めることだよ。

「小田原評定《おだわらひょうじょう》」という言葉《ことば》のもとになった話《はなし》は、「小田原《おだわら》」という神奈川県《かながわけん》の地名《ちめい》が関係《かんけい》しているんだよ。

秀吉《ひでよし》が関白《かんぱく》というえらい地位《ちい》についたことで、全国《ぜんこく》の大名《だいみょう》たちが次々《つぎつぎ》に従《したが》うようになったんだけど、なかなか従《したが》わなかった大名《だいみょう》、北条氏直《ほうじょううじなお》の本拠地《ほんきょち》が小田原《おだわら》だったたんだ。

しびれを切《き》らした秀吉《ひでよし》は、一五九〇年《ねん》、全国《ぜんこく》の大名《だいみょう》の軍《ぐん》を集《あつ》め、小田原城《おだわらじょう》を囲《かこ》んだんだ。

その数《かず》なんと、二十万《にじゅうまん》の軍勢《ぐんぜい》だというから、秀吉《ひでよし》の力《ちから》の大《おお》きさがよくわかるね。

「この戦《いくさ》、じっくり取《と》り組《く》めばそのうち城《しろ》が落《お》ちるだろう」

秀吉《ひでよし》は、そう考《かんが》えて集《あつ》まってきた大名《だいみょう》たちに、

「家族《かぞく》を呼《よ》び寄《よ》せて、ここでのんびり暮《く》らせばよい。芝居《しばい》の一座《いちざ》を呼《よ》んでおるから、楽《たの》しむがよい。酒《さけ》もたっぷり用意《ようい》したから、毎晩飲《まいばんの》んでさわぐもよしじゃ。毎日《まいにち》、のんきに遊《あそ》んでおるわれらを見《み》せつけてやれば、そのうち敵《てき》はあせって降参《こうさん》するじゃろう」

秀吉《ひでよし》の考《かんが》えたとおり、遊《あそ》んでいる秀吉連合軍《ひでよしれんごうぐん》の様子《ようす》を見《み》て、これはかないっこないと、小田原城《おだわらじょう》を抜《ぬ》け出《だ》してくる家臣《かしん》もたくさん出《で》るようになったんだ。

関東各地《かんとうかくち》にあった北条《ほうじょう》の城《しろ》も次々《つぎつぎ》と、秀吉《ひでよし》の連合軍《れんごうぐん》に攻《せ》め落《お》とされていく。

じりじりと追《お》いこまれていった北条家《ほうじょうけ》は、小田原城《おだわらじょう》で重臣《じゅうしん》たちが集《あつ》まって評定《ひょうじょう》をしたけれど、どうしても意見《いけん》がまとまらない。

「降参《こうさん》したほうがいいんじゃないか」

「いや、この城《しろ》にこもっていれば、大丈夫《だいじょうぶ》だろう」

「でも、このままではいずれ攻《せ》めこまれてしまうのでは」

「いやいや、難攻不落《なんこうふらく》のこの城《しろ》が、簡単《かんたん》に落《お》ちるわけがあるまい」

当主《とうしゅ》の氏直《うじなお》が降参《こうさん》したいと思《おも》っても、そのお父《とう》さんの氏政《うじまさ》が、城《しろ》にこもっての持久戦《じきゅうせん》を

主張《しゅちょう》したりと、とにかく結論《けつろん》が出《で》ないんだ。

これが、「小田原評定《おだわらひょうじょう》」の由来《ゆらい》だよ。

そうこうするうちに、北条家《ほうじょうけ》と同盟関係《どうめいかんけい》にあった東北《とうほく》の大名《だいみょう》、伊達政宗《だてまさむね》までが豊臣軍《とよとみぐん》に参陣《さんじん》。

伊達《だて》の援軍《えんぐん》が期待《きたい》できなくなると、もう北条側《ほうじょうがわ》の勝《か》てる見《み》こみはゼロ！

降参《こうさん》を決《き》めた北条家《ほうじょうけ》は、とうとう滅《ほろ》ぼされてしまい、このあと秀吉《ひでよし》が天下統一《てんかとういつ》を果《は》たすんだ。

大事《だいじ》なことを決《き》めるとき、一度《いちど》「こうしよう！」と思《おも》っても、本当《ほんとう》にそれでいいのかな あ……って迷《まよ》いはじめると、きりがないよね。

決《き》めたことがまちがっていたり、よくない結果《けっか》に結《むす》びついてしまったりすることを考《かんが》えると、怖《こわ》くもなるよね。

でも、迷《まよ》っているうちに取《と》り返《かえ》しのつかないことになる場合《ばあい》もあるから、勇気《ゆうき》を出《だ》して決《き》めるのが大事《だいじ》なんだ。

せっかくだから、早《はや》く決断《けつだん》することが大事《だいじ》、という意味《いみ》のことわざを二《ふた》つほど紹介《しょうかい》しておこう。

「**善《ぜん》は急《いそ》げ**」。よいことをするのに迷《まよ》ってはいけない、いいことはすぐにやろう、という意味《いみ》だよ。

「**鉄《てつ》は熱《あつ》いうちに打《う》て**」。チャンスを失《うしな》わないうちに実行《じっこう》すること。鉄《てつ》は赤《あか》くなるまで熱《ねっ》すると柔《やわ》らかくなるけれど、冷《さ》めると硬《かた》くて加工《かこう》できなくなるところから、若《わか》いうちにきたえたほうがいいという意味《いみ》でも使《つか》われる、外国《がいこく》から来《き》たことわざだよ。

小田原評定《おだわらひょうじょう》
長《なが》い時間《じかん》をかけながらも、なかなか決《き》まらない相談《そうだん》や会議《かいぎ》。

にっちもさっちもいかない

もとはそろばん用語《ようご》からできた言葉《ことば》だよ！

どうしようもない状態《じょうたい》のとき「**にっちもさっちもいかない**」というよね。

この言葉《ことば》、もとはそろばん用語《ようご》で、漢字《かんじ》で書《か》くと「二進《にっち》も三進《さっち》も」となるんだ。「二進《にっち》」は二割《にわ》る二《に》、「三進《さっち》」は三割《さんわ》る三《さん》のことで、答《こた》えが一《いち》で割《わ》り切《き》れる。

そこから、計算《けいさん》のやりくりのことをいうようになり、「二進《にっち》も三進《さっち》もいかない」というのが、計算《けいさん》が成《な》り立《た》たないことを意味《いみ》するようになっていったんだ。

それがさらに、やっていることが行《い》きづまってしまうこと、という意味《いみ》に変化《へんか》していったんだよ。

そろばんは十六世紀《じゅうろくせいき》後半《こうはん》までに中国《ちゅうごく》から日本《にっぽん》に入《はい》ってきたといわれており、現存《げんそん》する日《にっ》本《ぽん》でいちばん古《ふる》いそろばんは、十六世紀末《じゅうろくせいきまつ》のものなんだ。

一六二七年《ねん》には、そろばんによるいろいろな計算法《けいさんほう》をわかりやすく説《と》いた数学書《すうがくしょ》、『塵《じん》劫記《こうき》』が刊行《かんこう》。

この本《ほん》には、そろばんの使《つか》いかただけでなく、田畑《たはた》の面積《めんせき》の測《はか》りかたや、利息《りそく》の計算方《けいさんほう》法《ほう》、土手《どて》や堤防《ていぼう》の工事《こうじ》にかかる資材《しざい》や工期《こうき》の計算法《けいさんほう》まで載《の》っていたんだ。人々《ひとびと》が必要《ひつよう》とする計算《けいさん》の知識《ちしき》が得《え》られる、便利《べんり》な本《ほん》だったんだよ。

さらにこの本《ほん》には、おもしろい算術《さんじゅつ》の問題《もんだい》まであった。

「正月《しょうがつ》にねずみの夫婦《ふうふ》が十二《じゅうに》匹《ひき》の子《こ》ねずみを産《う》むと、親《おや》と合《あ》わせて十四匹《じゅうよんひき》。二月《にがつ》にこの親《おや》と、子《こ》ねずみたちも七組《ななくみ》の夫婦《ふうふ》になって、それぞれ十二《じゅうに》匹《ひき》ずつ子《こ》を産《う》むと、親《おや》と合《あ》わせて九十八匹《きゅうじゅうはっぴき》。

同《おな》じように子《こ》が夫婦《ふうふ》となって、毎月《まいつき》それぞれ十二《じゅうに》匹《ひき》ずつ子《こ》を産《う》んでいくと、その年《とし》の十《じゅう》二月《にがつ》には何匹《なんびき》になるでしょう」という問題《もんだい》なんだ。

何匹《なんびき》かというと、二七六億《おく》八二五七万《まん》四四〇二匹《ひき》！

こんな大《おお》きな数《かず》の計算《けいさん》をしている『塵劫記《じんこうき》』は、百《ひゃく》、千《せん》、万《まん》、億《おく》、その先《さき》の位《くらい》を表《あらわ》す単《たん》位《い》も紹介《しょうかい》していたんだ。

一番大《いちばんおお》きな位《くらい》、「無量大数《むりょうたいすう》」は、「〇《ぜろ》」が六十八個《ろくじゅうはちこ》も並《なら》ぶ天文学的《てんもんがくてき》な数《かず》だけど、ねずみ算《ざん》ならあっという間《ま》に超《こ》えちゃいそうだよね。

最後《さいご》に、もともとそろばん用語《ようご》だった言葉《ことば》を一《ひと》つ。

今《いま》までのことをすっかり捨《す》てて、まっさらな状態《じょうたい》にするという意味《いみ》で使《つか》われる「**御《ご》破《は》算《さん》**」は、もともと、そろばんで次《つぎ》の計算《けいさん》にうつるとき、前《まえ》の計算《けいさん》でおいた珠《たま》を全部払《ぜんぶはら》ってゼロの状態《じょうたい》にすることをいう言葉《ことば》なんだよ。

にっちもさっちもいかない

行《い》きづまってどうしようもなく、お手上《てあ》げだ。

ハッスルしよう！
山《やま》ほど宿題《しゅくだい》が出《で》て、にっちもさっちもいきそうにない…。
そんな時《とき》は「ハッスルねじまき」で。
いいぞ、がんばれ〜〜〜!!
人《ひと》の体《からだ》に使《つか》うなんてズルイ!!
チャッチャカ

芋《いも》づる式《しき》

芋《いも》が人々《ひとびと》を救《すく》ったお話《はなし》を紹介《しょうかい》するよ！


芋掘《いもほ》りをしたことがあるかな？

芋《いも》のつるをひっぱると、たくさんの芋《いも》がつながって出《で》てくる様子《ようす》から、一《ひと》つのきっかけで、多《おお》くのものが続《つづ》くことを「**芋《いも》づる式《しき》**」というんだ。

まずは、芋《いも》に関《かん》することわざや言葉《ことば》をいくつかあげてみるよ。

「**すりこぎで芋《いも》を盛《も》る**」。道具《どうぐ》や手段《しゅだん》が合《あ》ってなくて不可能《ふかのう》なことのたとえだよ。太《ふと》く丸《まる》い棒《ぼう》でツルツルとした丸《まる》い芋《いも》を器《うつわ》に盛《も》ろうとしても絶対《ぜったい》できない、という意味《いみ》なんだ。

「**芋《いも》を洗《あら》う**」。人《ひと》がいっぱいいて混《こ》みあっている様子《ようす》のたとえだね。

昔《むかし》は泥《どろ》のついたサトイモをたくさん桶《おけ》に入《い》れて、かき混《ま》ぜて洗《あら》っていたんだよ。

花火大会《はなびたいかい》やお祭《まつ》りなどの混《こ》み具合《ぐあい》を表《あらわ》すのに、よく使《つか》われるよね。

「芋《いも》の煮《に》えたも御存《ごぞん》じない」。芋《いも》が煮《に》えているのか煮《に》えていないのかも区別《くべつ》がつかない、ということ。

世間《せけん》のことを知《し》らない、という意味《いみ》だよ。

「餡汁《あんじる》より芋汁《いもじる》」。物事《ものごと》は、そんなに心配《しんぱい》しなくてもいい、ということ。

「餡汁《あんじる》（あんこを溶《と》かした汁《しる》）」は「案《あん》じる（あれこれ心配《しんぱい》する）」にかけたしゃれ。

ところによっては**「餡汁《あんじる》より団子汁《だんごじる》」「餡汁《あんじる》より豆腐汁《とうふじる》」**ともいうよ。

「芋《いも》」って聞《き》くと、みんなはどんな芋《いも》を思《おも》い浮《う》かべる？

ジャガイモ？　サツマイモ？　サトイモ？　みんなおいしいよね。

芋《いも》にもいろいろあるけれど、次《つぎ》はサツマイモが人々《ひとびと》を救《すく》った話《はなし》を一《ひと》つ紹介《しょうかい》するね。

江戸時代《えどじだい》、悪天候《あくてんこう》が続《つづ》き、さらに稲《いね》の害虫《がいちゅう》が大量発生《たいりょうはっせい》したため大凶作《だいきょうさく》となり、大飢饉《だいききん》が起《お》こって一万人《いちまんにん》以上《いじょう》もの人《ひと》が死《し》んでしまったんだ。

このとき、何《なに》か人々《ひとびと》を救《すく》う作物《さくもつ》があるはずだと、江戸《えど》で必死《ひっし》に書物《しょもつ》を調《しら》べていたのが、青木昆陽《あおきこんよう》という人《ひと》。

彼《かれ》は中国《ちゅうごく》の書物《しょもつ》の中《なか》にあった、飢饉《ききん》のときの非常食《ひじょうしょく》にする「甘藷《かんしょ》」という作物《さくもつ》に注目《ちゅうもく》したんだ。

甘藷《かんしょ》とは、サツマイモのこと。このころはまだ西日本《にしにほん》でしか栽培《さいばい》されていなかったんだよ。

昆陽《こんよう》が、サツマイモのことをさらに調《しら》べたところ、せまい土地《とち》からたくさん収穫《しゅうかく》できることや、おいしいこと、栄養豊富《えいようほうふ》なこと、土《つち》の中《なか》で作《つく》るから風《かぜ》や雨《あめ》に強《つよ》く、虫《むし》の害《がい》も受《う》けないことなど、利点《りてん》がたくさんわかったんだって。

さらに、米《こめ》の代《か》わりにするのにもぴったりだということもわかったので、それらを『蕃《ばん》藷考《しょこう》』という本《ほん》にまとめたんだよ。

その本《ほん》が幕府《ばくふ》に認《みと》められて、昆陽《こんよう》はついに、サツマイモの栽培《さいばい》に挑戦《ちょうせん》することになったんだ。

西日本《にしにほん》より寒《さむ》い土地《とち》でも育《そだ》つよう、栽培法《さいばいほう》を工夫《くふう》しなくてはならず、苦労《くろう》も多《おお》かったようだよ。

けれど昆陽《こんよう》はあきらめず、とうとう栽培《さいばい》に成功《せいこう》。飢《う》えに苦《くる》しむ人《ひと》たちにサツマイモを届《とど》けることができるようになったんだ！

このあと、サツマイモの栽培《さいばい》は各地《かくち》に広《ひろ》がり、その後《ご》の飢饉《ききん》のときにも人々《ひとびと》の命綱《いのちづな》になるんだ。すごいよね！

その後《ご》、学者《がくしゃ》としても多《おお》くの功績《こうせき》を残《のこ》した昆陽《こんよう》は、「甘藷先生《かんしょせんせい》」と呼《よ》ばれるようになったんだって。

今回《こんかい》は、芋《いも》づる式《しき》にいろいろと紹介《しょうかい》してみたよ！

芋《いも》づる式《しき》
一《ひと》つのことから、関係《かんけい》するいくつかのものが、つながって現《あらわ》れてくること。

なせば成《な》る

この言葉《ことば》を有言実行《ゆうげんじっこう》した人《ひと》のお話《はなし》だよ！

これは、上杉鷹山《うえすぎようざん》が言《い》った言葉《ことば》の一部《いちぶ》なんだよ。
上杉《うえすぎ》は、あの上杉謙信《うえすぎけんしん》の「上杉家《うえすぎけ》」だよ。鷹山《ようざん》は米沢藩《よねざわはん》（山形県《やまがたけん》）の藩主《はんしゅ》だったんだ。
上杉家《うえすぎけ》は、豊臣秀吉《とよとみひでよし》が天下《てんか》を取《と》った時代《じだい》に、会津《あいづ》（福島県《ふくしまけん》）に領地《りょうち》を移《うつ》されたんだよ。
そしてその後《ご》の戦《たたか》いで徳川家康《とくがわいえやす》にはむかったことで、今度《こんど》は米沢《よねざわ》に移《うつ》されたうえ、領地《りょうち》を減《へ》らされてしまう。

その後《ご》もいろいろあって、結局《けっきょく》、謙信時代《けんしんじだい》とは比《くら》べものにならないほど狭《せま》い領地《りょうち》になってしまったんだよ。

でも、藩《はん》に仕《つか》える人《ひと》の数《かず》を変《か》えようとしなかったから、多《おお》くの人《ひと》を養《やしな》わなければならず、藩《はん》の財政《ざいせい》は大赤字《おおあかじ》になってしまうんだ。

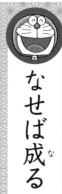

一七六七年《ねん》、数《かぞ》え年十七歳《どしじゅうななさい》の若《わか》さで藩主《はんしゅ》となった、鷹山《ようざん》（このころは治憲《はるのり》と名《な》のっていたんだ。「鷹山《ようざん》」は隠居《いんきょ》してから用《もち》いた名《な》）は、まず倹約《けんやく》をすることにしたんだ。

自分《じぶん》も質素《しっそ》な暮《く》らしを心《こころ》がけ、木綿《もめん》の着物《きもの》を着《き》て、食事《しょくじ》は一汁一菜《いちじゅういっさい》（ごはんと汁《しる》とおかず一品《いっぴん》の粗末《そまつ》な食事《しょくじ》）、屋敷《やしき》の使用人《しようにん》の数《かず》を減《へ》らし、お祭《まつ》りなども減《へ》らしたよ。

ところが、隠居《いんきょ》した先代藩主《せんだいはんしゅ》の上杉重定《うえすぎしげさだ》は、大名《だいみょう》としての暮《く》らしをやめられなかった。

倹約《けんやく》の難《むずか》しさを知《し》った鷹山《ようざん》は、武士《ぶし》にも鍬《くわ》を持《も》たせて、新《あたら》しい田《た》んぼの開発《かいはつ》を始《はじ》めたけど、これも重臣《じゅうしん》たちの反発《はんぱつ》にあってしまうんだよ。

「畑仕事《はたけしごと》は武士《ぶし》のすることではありません！」

「今《いま》すぐやめさせてください！」

反発《はんぱつ》が発展《はってん》して大騒動《おおそうどう》になりかけたとき、鷹山《ようざん》はきっぱりとした態度《たいど》で、反対《はんたい》する重臣《じゅうしん》たちを処分《しょぶん》するんだ。

反対派《はんたいは》を一掃《いっそう》したあと、鷹山《ようざん》はろうそくの材料《ざいりょう》、ろうがとれる漆《うるし》の木《き》をたくさん植《う》えたんだ。漆《うるし》の実《み》からろうを作《つく》って売《う》れば、お金《かね》が入《はい》ってくるからね。

ところが当時《とうじ》、西日本《にしにほん》でハゼの実《み》から作《つく》るハゼろうの人気《にんき》が出《で》ていて、漆《うるし》から作《つく》ったろうは、売《う》れなくなってしまったんだ。

悪《わる》いときには悪《わる》いことが重《かさ》なるもので、岩木山《いわきやま》と浅間山《あさまやま》が噴火《ふんか》した。岩木山《いわきやま》は青森県《あおもりけん》、浅間山《あさまやま》は長野県《ながのけん》にあるから、山形県《やまがたけん》の米沢《よねざわ》からは遠《とお》いはずだけど、大《だい》噴火《ふんか》だったせいで、噴煙《ふんえん》が米沢《よねざわ》にもとどいてしまったんだ。

太陽《たいよう》の光《ひかり》がさえぎられたせいで、その年《とし》の米《こめ》の収穫量《しゅうかくりょう》がガクンと減《へ》り、またまた大赤字《おおあかじ》。

これで終《お》わりかと思《おも》ったら、今度《こんど》は重定《しげさだ》の屋敷《やしき》が火事《かじ》で焼失《しょうしつ》！

この建《た》て替《か》えもしなくちゃいけなくなって、もう誰《だれ》か助《たす》けて！　という状態《じょうたい》だね。

このとき、重定《しげさだ》の実子《じっし》が成長《せいちょう》して、藩主《はんしゅ》の務《つと》めを果《は》たせる年《とし》になったから、鷹山《ようざん》は、藩《はん》主《しゅ》の座《ざ》を彼《かれ》に譲《ゆず》って隠居《いんきょ》したんだ。

でも、新《あたら》しい藩主《はんしゅ》の時代《じだい》になると、鷹山《ようざん》の隠居《いんきょ》を惜《お》しむ声《こえ》が大《おお》きくなっていくんだよ。

「鷹山公《ようざんこう》なら、藩《はん》をもっとよくしてくださるんじゃないか？」

「隠居《いんきょ》して表《おもて》に出《で》ていらっしゃらないのは、なんとも残念《ざんねん》、もったいない」

そういった声《こえ》を受《う》けて、鷹山《ようざん》はもう一度《いちど》、相談役《そうだんやく》として財政《ざいせい》の立《た》て直《なお》しにチャレンジするんだ。

倹約《けんやく》をしても、根本的《こんぽんてき》な解決《かいけつ》にならないなら、新《あたら》しい産業《さんぎょう》を生《う》み出《だ》すことが必要《ひつよう》と考《かんが》えて、アイディアを広《ひろ》く募集《ぼしゅう》した。

武士《ぶし》だけじゃなくて、農民《のうみん》や町人《ちょうにん》たちからの意見《いけん》も受《う》けつけて、どんな産業《さんぎょう》を始《はじ》めればいいのか、米沢藩全員《よねざわはんぜんいん》で考《かんが》えたんだ。

そこで出《で》てきたアイディアが、桑《くわ》を育《そだ》てて蚕《かいこ》を飼《か》って生糸《きいと》を作《つく》る「養蚕《ようさん》」。

鷹山《ようざん》は、このアイディアを採用《さいよう》して、桑《くわ》の苗木《なえぎ》を無料《むりょう》で配《くば》り始《はじ》めた。

桑《くわ》と蚕《かいこ》の育《そだ》てかたを詳《くわ》しく書《か》いたマニュアルも作《つく》って配《くば》ったから、米沢藩《よねざわはん》の中《なか》で武士《ぶし》も含《ふく》めて多《おお》くの人《ひと》が養蚕《ようさん》をするようになったんだ。

もう一《ひと》つ、鷹山《ようざん》は、米沢藩《よねざわはん》で昔《むかし》から採《と》れる草花《くさばな》を使《つか》って、生糸《きいと》を染《そ》めるというアイディアを思《おも》いついたんだよ。

生糸《きいと》のままで売《う》るより、染《そ》めてから売《う》ったほうが、価値《かち》が高《たか》くなるからね。

こうして価値《かち》が高《たか》くなった生糸《きいと》で、米沢織《よねざわおり》という新《あたら》しい織物《おりもの》を作《つく》り出《だ》すことに成功《せいこう》するんだよ。

このさまざまな努力《どりょく》の結果《けっか》、ついに藩《はん》の財政《ざいせい》は黒字《くろじ》に！

鷹山《ようざん》のあきらめない姿勢《しせい》が、大《おお》きな実《み》を結《むす》んだと思《おも》うと感動的《かんどうてき》だなあ。

鷹山《ようざん》は、家臣《かしん》たちによく、こう言《い》っていたんだって。

「なせば成《な》る　なさねば成《な》らぬ　何事《なにごと》も　成《な》らぬは人《ひと》の　なさぬなりけり」

「やればできる　やらなければできない　どんなことも　できないのは　人《ひと》が　やらないからであった」

という意味《いみ》だよ。努力《どりょく》しつづけた鷹山《ようざん》の言葉《ことば》だからこそ、納得《なっとく》できる重《おも》みがあるよね。

なせば成《な》る

できそうにないことでも、強《つよ》い意志《いし》でやり通《とお》せばできる。

逃《に》げるが勝《か》ち

「逃《に》げるが勝《か》ち」を実践《じっせん》した男《おとこ》の将来《しょうらい》とは？


戦《たたか》いは、ときに逃《に》げたほうが最終的《さいしゅうてき》な勝利《しょうり》をえられる、という意味《いみ》だね。

困《こま》ったときは逃《に》げ出《だ》してまずは身《み》の安全《あんぜん》をはかり、あとで改《あらた》めて事《こと》にあたれ、という教《おし》えなんだ。


「三十六計《さんじゅうろっけい》逃《に》げるにしかず」ということわざも同《おな》じ意味《いみ》だよ。

「三十六計《さんじゅうろっけい》」は、三十六種類《さんじゅうろくしゅるい》の計略《けいりゃく》、という意味《いみ》で、戦《たたか》いのいろいろなはかりごとやかけひきのこと。はかりごとはたくさんあるけれど、困《こま》ったら逃《に》げるのがいちばんいいこともある、ということだね。

逃《に》げるのはよくない、とつい思《おも》ってしまうけど、必《かなら》ずしも悪《わる》いことではないのかも。

ことわざのお話《はなし》の最後《さいご》をかざるのは、「逃《に》げるが勝《か》ち」を実際《じっさい》にやりつづけ、「逃《に》げの小《こ》

五郎《ごろう》」とまで呼《よ》ばれた、桂小五郎《かつらこごろう》（のちの木戸孝允《きどたかよし》）のエピソード。

小五郎《こごろう》は、剣術《けんじゅつ》の達人《たつじん》だったのに、刀《かたな》を抜《ぬ》くことなく逃《に》げまくった人《ひと》なんだよ。

小五郎《こごろう》が生《い》きた時代《じだい》はちょうど、武士《ぶし》の時代《じだい》が終《お》わるころで、世《よ》の中《なか》が大《おお》きく変《か》わろうとしていた。

世《よ》の中《なか》が変《か》わるきっかけになったのは、一八五三年《ねん》、浦賀《うらが》（神奈川県横須賀市東部《かながわけんよこすかしとうぶ》）に大《おお》きな黒船《くろふね》が現《あらわ》れたことだったんだ。

乗《の》っていたのはアメリカからの使者《ししゃ》、ペリー。

わずかな国以外《くにいがい》、外国《がいこく》とはつきあわないことにしていた日本《にっぽん》に、正式《せいしき》に国交《こっこう》を結《むす》ぶことを求《もと》めてきたんだよ。

このときから、日本《にっぽん》は開国《かいこく》するかしないかで意見《いけん》が真《ま》っ二《ぷた》つに分《わ》かれるんだ。

結局《けっきょく》その翌年《よくとし》、日米和親条約《にちべいわしんじょうやく》という、日本《にっぽん》にとって不利《ふり》な条件《じょうけん》の条約《じょうやく》が結《むす》ばれてしまう。

小五郎《こごろう》とその仲間《なかま》たちは、集《あつ》まってこんなことを話《はな》していた。

「幕府《ばくふ》は結局《けっきょく》アメリカの言《い》いなりになって、不公平《ふこうへい》で不利《ふり》な条約《じょうやく》を結《むす》んでしまったなあ」

「まったく、けしからん話《はなし》だ」

「外国人《がいこくじん》は追《お》い払《はら》うべきだ」

こんな話《はなし》が大《おお》きくなり、小五郎《こごろう》たちはとうとう幕府《ばくふ》と戦《たたか》うことになったんだよ。

ある夜《よる》、その打《う》ち合《あ》わせを京都《きょうと》の「池田屋《いけだや》」という旅館《りょかん》ですることになったんだ。

幕府《ばくふ》に見《み》つからないように、こっそりと二階《にかい》の部屋《へや》に集《あつ》まって相談《そうだん》をしていると、突然《とつぜん》、一階《いっかい》から声《こえ》がしたんだ。

「御用改《ごようあらた》めである！」

御用改《ごようあらた》めは、警察《けいさつ》の家宅捜索《かたくそうさく》みたいなものだから、集《あつ》まっていた仲間《なかま》はびっくり。二階《にかい》にかけ上《あ》がってきた、京都《きょうと》の警備《けいび》をしていた新撰組《しんせんぐみ》の侍《さむらい》たちと、刀《かたな》で打《う》ちあった人《ひと》もいたし、屋根《やね》をつたって逃《に》げた人《ひと》もいたんだ。

小五郎《こごろう》はというと、なんとたまたま席《せき》をはずしており、助《たす》かったんだよ。

伝《つた》わっている話《はなし》やお芝居《しばい》によると、ほかにもこんなエピソードが……。

あるとき、新撰組《しんせんぐみ》につかまってしまい大《だい》ピンチ！　しかし小五郎《こごろう》はあわてず、自分《じぶん》の見《み》張《は》りに、

「厠《かわや》（トイレ）に行《い》かせてもらえないだろうか」

と頼《たの》み、トイレからの脱出《だっしゅつ》に成功《せいこう》！

「うまく逃《に》げ出《だ》せたとはいえ、いつ追手《おって》が来《く》るかわからないぞ。しばらく身《み》を隠《かく》すとしよう」

こう考《かんが》えた小五郎《こごろう》は、変装《へんそう》して市中《しちゅう》にひそみ、とうとう見《み》つかることなく逃《に》げのびたんだって。

そしてその後《ご》、明治維新《めいじいしん》で中心的《ちゅうしんてき》な役割《やくわり》を果《は》たしたんだよ。

逃《に》げるが勝《か》ち

争《あらそ》わずに逃《に》げたほうが、大《おお》きく見《み》れば勝《か》ちであり、得《とく》である。

逃《に》げた先《さき》は？

のびちゃん、庭《にわ》の草《くさ》むしりを……。

まあ!! 逃《に》げたわね!!

ふう、うまく逃《に》げられた。

逃《に》げる場所《ばしょ》はきちんと考《かんが》えてくれよ。

主な参考文献・ホームページ

『国史大事典』 編／国史大辞典編集委員会 （吉川弘文館 1979～1997）
『21世紀こども人物館』 監修／荒俣宏・長澤和俊・高木昭作 （小学館 1993）
『日本大百科全書 改訂版』 編／小学館 （小学館 1994）
『暮らしのことば語源辞典』 編／山口佳紀 （講談社 1998）
『新編日本古典文学全集62 義経記』 校注・訳／梶原正昭 （小学館 2000）
『日本国語大辞典 第二版』 編／小学館 （小学館 2000～2002）
『その時歴史が動いた 9』 編／NHK取材班 （KTC中央出版 2001）
『例解学習ことわざ辞典 第二版』 編／小学館辞典編集部 （小学館 2002）
『21世紀こども百科歴史館 増補版』 監修／石井進・大塚初重 （小学館 2002）
『美女たちの日本史』 著／永井路子 （中央公論新社 2002）
『その時歴史が動いた 13』 編／NHK取材班 （KTC中央出版 2002）
『日本語慣用句辞典』 編／米川明彦・大谷伊都子 （東京堂出版 2005）
『中学数学で解ける和算百話』 著／佐藤健一 （東洋書店 2007）
『図説ことわざ事典』 著／時田昌瑞 （東京書籍 2009）
『故事俗信ことわざ大辞典 第二版』 監修／北村孝一 （小学館 2012）
『オールカラーでわかりやすい！ 幕末・明治維新』 著／永濱眞理子 （西東社 2014）

音羽山清水寺公式HP
高野山真言宗総本山金剛峯寺公式HP

ことわざクイズの答《こた》え

100ページの答《こた》えは、
❸の追《お》いつめられたネズミ。
「窮《きゅう》鼠《そ》猫《ねこ》をかむ」という、追《お》いつめられたネズミが猫《ねこ》をかむ、という意味《いみ》の、中国《ちゅうごく》から来《き》たことわざだよ。

五十音《ごじゅうおん》さくいん

この本《ほん》に出《で》てきた「ことわざ」「慣用句《かんようく》」などを、五十音順《ごじゅうおんじゅん》にならべたよ。

開《あ》いた口《くち》がふさがらない……39
あうんの呼吸《こきゅう》……22
悪事千里《あくじせんり》を走《はし》る……68
足《あし》もとから鳥《とり》が立《た》つ……37
当《あ》たるも八卦《はっけ》 当《あ》たらぬも八卦《はっけ》……34
あとは野《の》となれ山《やま》となれ……19
餡汁《あんじる》より芋汁《いもじる》……171
餡汁《あんじる》より団子汁《だんごじる》……171
餡汁《あんじる》より豆腐汁《とうふじる》……171
居丈高《いたけだか》……66
板《いた》につく……136
一目置《いちもくお》く……86
一里塚《いちりづか》……67
一国一城《いっこくいちじょう》の主《あるじ》……69
一寸先《いっすんさき》は闇《やみ》……65
一寸《いっすん》の虫《むし》にも五分《ごぶ》の魂《たましい》……65
一銭《いっせん》を笑《わら》う者《もの》は 一銭《いっせん》に泣《な》く……89
犬《いぬ》も歩《ある》けば棒《ぼう》に当《あ》たる……33
今泣《いまな》いた烏《からす》がもう笑《わら》う……48
芋《いも》づる式《しき》……170
芋《いも》の煮《に》えたも御存《ごぞん》じない……171
芋《いも》を洗《あら》う……170
雨後《うご》のたけのこ……26
うどの大木《たいぼく》……26
雲泥《うんでい》の差《さ》……23
絵《え》に描《か》いたもち……25
海老《えび》で鯛《たい》を釣《つ》る……29
王手《おうて》をかける……84
大見得《おおみえ》を切《き》る……136
大向《おおむ》こうをうならせる……136

屋上屋《おくじょうおく》を架《か》す …… 70
お墨《すみ》つき …… 95
小田原評定《おだわらひょうじょう》 …… 163
驚《おどろ》き桃《もも》の木《き》山椒《さんしょ》の木《き》 …… 38
鬼《おに》が出《で》るか蛇《じゃ》が出《で》るか …… 50
鬼《おに》に金棒《かなぼう》 …… 51
鬼《おに》にせんべい …… 51
鬼《おに》のいぬ間《ま》に洗濯《せんたく》 …… 52
鬼《おに》のかく乱《らん》 …… 51
鬼《おに》の首《くび》を取《と》ったよう …… 51
鬼《おに》の目《め》にも涙《なみだ》 …… 51
鬼《おに》も十八番茶《じゅうはちばんちゃ》も出花《でばな》 …… 50
尾羽《おは》うち枯《か》らす …… 41
十八番《おはこ》 …… 137
帯《おび》に短《みじか》し、たすきに長《なが》し …… 99
お前百《まえひゃく》まで
わしゃ九十九《くじゅうく》まで …… 73
折《お》り紙《がみ》つき …… 95
かかあ天下《でんか》 …… 72
金《かね》がうなるほどある …… 88
金《かね》に糸目《いとめ》をつけない …… 88
金《かね》は天下《てんか》の回《まわ》りもの …… 90
亀《かめ》の甲《こう》より年《とし》の功《こう》 …… 44
亀《かめ》の年《とし》を鶴《つる》がうらやむ …… 45
烏《からす》の足跡《あしあと》 …… 48
烏《からす》の行水《ぎょうずい》 …… 47
枯《か》れ木《き》も山《やま》のにぎわい …… 18
還暦《かんれき》 …… 45
喜寿《きじゅ》 …… 45
木《き》で鼻《はな》をくくる …… 91
肝《きも》をつぶす …… 39
窮鼠《きゅうそ》猫《ねこ》をかむ …… 183
清水《きよみず》の舞台《ぶたい》から
飛《と》び降《お》りる …… 75
禁《きん》じ手《て》 …… 85
腐《くさ》っても鯛《たい》 …… 29
くちばしが黄色《きいろ》い …… 55
犬猿《けんえん》の仲《なか》 …… 31
弘法《こうぼう》にも筆《ふで》の誤《あやま》り …… 121
弘法筆《こうぼうふで》を選《えら》ばず …… 124
紺屋《こうや》の白袴《しろばかま》 …… 53
古希《こき》 …… 45

虎穴《こけつ》に入《い》らずんば 虎子《こじ》を得《え》ず……76
五尺《ごしゃく》の身《み》……66
腰《こし》を抜《ぬ》かす……39
御破算《ごはさん》……169
ごまめの歯《は》ぎしり……28
砂上《さじょう》の楼閣《ろうかく》……71
猿《さる》に木登《きのぼ》り……33
猿《さる》も木《き》から落《お》ちる……122
傘寿《さんじゅ》……46
三十六計逃《さんじゅうろっけいに》げるにしかず……179
山椒《さんしょう》は小粒《こつぶ》でも ぴりりと辛《から》い……26
三本《さんぼん》の矢《や》……138
舌鼓《したつづみ》を打《う》つ……93
十指《じっし》に余《あま》る……63
十人十色《じゅうにんといろ》……53
十年一日《じゅうねんいちじつ》……62
将棋倒《しょうぎだお》し……85
初心忘《しょしんわす》るべからず……134
白羽《しらは》の矢《や》が立《た》つ……54
しんぼうする木《き》に 金《かね》がなる……90
雀《すずめ》の千声鶴《せんこえつる》の一声《ひとこえ》……48
雀《すずめ》の涙《なみだ》……49
雀百《すずめひゃく》まで踊《おど》り忘《わす》れず……47
捨《す》て石《いし》……86
すりこぎで芋《いも》を盛《も》る……170
寸足《すんた》らず……65
寸分違《すんぶんたが》わず……65
青天《せいてん》のへきれき……37
関《せき》の山《やま》……20
船頭多《せんどうおお》くして 船山《ふねやま》に上《のぼ》る……19
善《ぜん》は急《いそ》げ……166
千里眼《せんりがん》……67
千里《せんり》の馬《うま》……67
千里《せんり》の道《みち》も 一歩《いっぽ》から……68
卒寿《そつじゅ》……46
袖振《そでふ》り合《あ》うも多生《たしょう》の縁《えん》……98
太鼓判《たいこばん》をおす……94

はきだめに鶴《つる》……43
白寿《はくじゅ》……46
八《はち》の字《じ》を寄《よ》せる……64
庇《ひさし》を貸《か》して
母屋《おもや》を取《と》られる……70
人《ひと》は城《しろ》、人《ひと》は石垣《いしがき》、
人《ひと》は堀《ほり》……70
火《ひ》の消《き》えたよう……82
檜舞台《ひのきぶたい》……136
火《ひ》のついたよう……82
火《ひ》のない所《ところ》に
煙《けむり》は立《た》たぬ……82
火花《ひばな》を散《ち》らす……82
火《ひ》ぶたを切《き》る……81
ピンからキリまで……23
夫婦《ふうふ》げんかは
犬《いぬ》も食《く》わない……74
風林火山《ふうりんかざん》……142
袋《ふくろ》のねずみ……151
夫唱婦随《ふしょうふずい》……72
札《ふだ》つき……96
米寿《べいじゅ》……46
弁慶《べんけい》の立《た》ち往生《おうじょう》……133
弁慶《べんけい》の泣《な》き所《どころ》……125
洞ケ峠《ほらがとうげ》……162
洞ケ峠《ほらがとうげ》をきめこむ……162
間尺《ましゃく》に合《あ》わない……67
待《ま》たせたな、小次郎《こじろう》……117
待《ま》ったなし……87
三日天下《みっかてんか》……158
身《み》の丈《たけ》に合《あ》う……66
六日《むいか》の菖蒲《あやめ》、十日《とおか》の菊《きく》……63
娘十八番茶《むすめじゅうはちばんちゃ》も出花《でばな》……50
目玉《めだま》が飛《と》び出《で》る……39
もちはもち屋《や》……25
元《もと》の木阿弥《もくあみ》……159
山高《やまたか》きが故《ゆえ》に貴《たっと》からず……18
山《やま》の芋《いも》が鰻《うなぎ》になる……19
闇夜《やみよ》に烏《からす》……79
闇夜《やみよ》に烏雪《からすゆき》に鷺《さぎ》……79
欲《よく》の熊鷹股裂《くまたかまたさ》ける……41
われ鍋《なべ》にとじぶた……22

Shogakukan Junior Bunko

★小学館ジュニア文庫★

ドラえもん 5分でドラ語り ことわざひみつ話

2017年 3 月20日 初版第1刷発行

原作／藤子・F・不二雄
キャラクター監修／藤子プロ
監修／深谷圭助

発行人／立川義剛
編集人／吉田憲生
編集／楠元順子

発行所／株式会社 小学館
〒101-8001 東京都千代田区一ツ橋2－3－1
電話 編集 03-3230-5455
販売 03-5281-3555

印刷・製本／中央精版印刷株式会社

文／乾 実香
2コマまんが・ことわざ博士イラスト／如月たくや
2コマまんが構成／松田辰彦
デザイン／沖田 環

Printed in Japan ISBN 978-4-09-231150-3

★小学館ジュニア文庫★ ワクワク、ドキドキがいっぱいのラインナップ

〈大好き！　大人気まんが原作シリーズ〉

いじめ―いつわりの楽園―
いじめ―学校という名の戦場―
いじめ―引き裂かれた友情―
いじめ―過去へのエール―
いじめ―うつろな絆―
いじめ―友だちという鎖―
いじめ―行き止まりの季節―
いじめ―闇からの歌声―
いじめ―勇気の翼―

エリートジャック!!　めざせ、ミラクル大逆転!!
エリートジャック!!　ミラクルガールは止まらない!!
エリートジャック!!　相川ユリアに学ぶ 毎日が絶対ハッピーになる100の名言
エリートジャック!!　ミラクルチャンスをつかまえろ!!
エリートジャック!!　発令！ ミラクルプロジェクト!!

オオカミ少年♥こひつじ少女　わくわく♪どうぶつワンだーらんど！
オオカミ少年♥こひつじ少女　お散歩は冒険のはじまり
おはなし 猫ピッチャー　ミー太郎、ニューヨークへ行く！の巻

カノジョは嘘を愛しすぎてる
キミは宙のすべて―たったひとつの星―
キミは宙のすべて―ヒロインは眠れない―
キミは宙のすべて―君のためにできること―
キミは宙のすべて―宙いっぱいの愛をこめて―
小林が可愛すぎてツライっ!!　放課後が過激すぎてヤバイっ!!
小林が可愛すぎてツライっ!!　好きが加速しすぎてパないっ!!
12歳。～だけど、すきだから～
12歳。～てんこうせい～
12歳。～きみのとなり～
12歳。～そして、みらい～
12歳。～おとなでも、こどもでも～
12歳。～いまのきもち～

12歳。～まもりたい～

12歳。アニメノベライズ　～ちっちゃなムネのトキメキ～全8巻

次はどれにする？　おもしろくて楽しい新刊が、続々登場!!

ショコラの魔法～ダックワーズショコラ　記憶の迷路～

ショコラの魔法～クラシックショコラ　失われた物語～

ショコラの魔法～イスパハン　薔薇の恋～

ショコラの魔法～ショコラスコーン　氷呪の学園～

ショコラの魔法～ジンジャーマカロン　真昼の夢～

ちび☆デビ！～天界からの使者とチョコル島の謎×2!～

ちび☆デビ！～まおちゃんと夢と魔法とウサギの国～

ちび☆デビ！～スーパーまおちゃんとひみつの赤い実～

ちび☆デビ！～まおちゃんとちびザウルスと氷の王国～

ドラえもんの夢をかなえる読書ノート

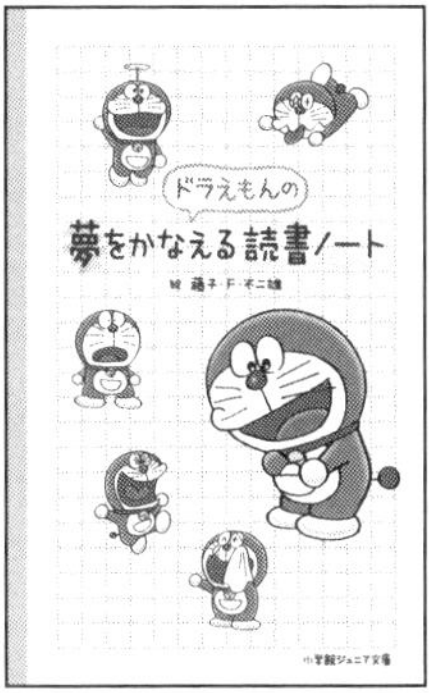

ドーリィ♪カノン～ヒミツのライブ大作戦～
ドラマ　ドーリィ♪カノン　カノン誕生
ドラマ　ドーリィ♪カノン　未来は僕らの手の中
ないしょのつぼみ～さよならのプレゼント～
ないしょのつぼみ～あたしのカラダ・あいつのココロ～
ナゾトキ姫と嘆きのしずく
ナゾトキ姫と魔本の迷宮
ナゾトキ姫とアイドル怪人Xからの挑戦状
ハチミツにはつこい　ファースト・ラブ
ハチミツにはつこい　アイ・ラブ・ユー
ヒミツの王子様★　恋するアイドル！
ふなっしーの大冒険　きょうだい集結！梨汁ブシャーッに気をつけろ!!

真代家こんぷれっくす！～Mother's dayこんぷれっくすは、ケーキをめぐる～

真代家こんぷれっくす！～Memorial daysきえない花火ときえないキズナ～

真代家こんぷれっくす！～Sentimental daysココロをつなぐメロディ～

真代家こんぷれっくす！～Holy days賢者たちの贈り物～

真代家こんぷれっくす！～Mysterious days光の指輪物語～

★「小学館ジュニア文庫」を読んでいるみなさんへ★

この本《ほん》の背《せ》にあるクローバーのマークに気《き》がつきましたか？

オレンジ、緑《みどり》、青《あお》、赤《あか》に彩《いろど》られた四《よ》つ葉《ば》のクローバー。これは、小学館《しょうがくかん》ジュニア文庫《ぶんこ》のマークです。そして、それぞれの葉《は》の色《いろ》には、私《わたし》たちがジュニア文庫《ぶんこ》を刊行《かんこう》していく上《うえ》で、みなさんに伝《つた》えていきたいこと、私《わたし》たちの大切《たいせつ》な思《おも》いがこめられています。

オレンジは愛《あい》。家族《かぞく》、友達《ともだち》、恋人《こいびと》。みなさんの大切《たいせつ》な人《ひと》たちを思《おも》う気持《きも》ち。まるでオレンジ色《いろ》の太陽《たいよう》の日差《ひざ》しのように心《こころ》を暖《あたた》かにする、人《ひと》を愛《あい》する気持《きも》ち。

緑《みどり》はやさしさ。困《こま》っている人《ひと》や立場《たちば》の弱《よわ》い人《ひと》、小《ちい》さな動物《どうぶつ》の命《いのち》に手《て》をさしのべるやさしさ。緑《みどり》の森《もり》は、多《おお》くの木々《きぎ》や花々《はなばな》、そこに生《い》きる動物《どうぶつ》をやさしく包《つつ》み込《こ》みます。

青《あお》は想像力《そうぞうりょく》。芸術《げいじゅつ》や新《あたら》しいものを生《う》み出《だ》していく力《ちから》。立場《たちば》や考《かんが》え方《かた》、国籍《こくせき》、自分《じぶん》とは違《ちが》う人《ひと》たちの気持《きも》ちを思《おも》い、協力《きょうりょく》しあうことも想像《そうぞう》の力《ちから》です。人間《にんげん》の想像力《そうぞうりょく》は無限《むげん》の広《ひろ》がりを持《も》っています。まるで、どこまでも続《つづ》く、澄《す》みきった青《あお》い空《そら》のようです。

赤《あか》は勇気《ゆうき》。強《つよ》いものに立《た》ち向《む》かい、間違《まちが》ったことをただす気持《きも》ち。くじけそうな自分《じぶん》の弱《よわ》い気持《きも》ちに立《た》ち向《む》かうことも大《おお》きな勇気《ゆうき》です。まさにそれは、赤《あか》い炎《ほのお》のように熱《あつ》く燃《も》え上《あ》がる心《こころ》。

四《よ》つ葉《ば》のクローバーは幸《しあわ》せの象徴《しょうちょう》です。愛《あい》、やさしさ、想像力《そうぞうりょく》、勇気《ゆうき》は、みなさんが未来《みらい》を切《き》りひらき、幸《しあわ》せで豊《ゆた》かな人生《じんせい》を送《おく》るためにすべて必要《ひつよう》なものです。

体《からだ》を成長《せいちょう》させていくために、栄養《えいよう》のある食《た》べ物《もの》が必要《ひつよう》なように、心《こころ》を育《そだ》てていくためには読書《どくしょ》がかかせません。みなさんの心《こころ》を豊《ゆた》かにしていく本《ほん》を一冊《さつ》でも多《おお》く出《だ》したい。それが私《わたし》たちジュニア文庫編集部《ぶんこへんしゅうぶ》の願《ねが》いです。

みなさんのこれからの人生《じんせい》には、困《こま》ったこと、悲《かな》しいこと、自分《じぶん》の思《おも》うようにいかないことも待《ま》ち受《う》けているかもしれません。どうか「本《ほん》」を大切《たいせつ》な友達《ともだち》にしてください。どんな時《とき》でも「本《ほん》」はあなたの味方《みかた》です。そして困難《こんなん》に打《う》ち勝《か》つヒントをたくさん与《あた》えてくれるでしょう。みなさんが「本《ほん》」を通《つう》じ素敵《すてき》な大人《おとな》になり、幸《しあわ》せで実《みの》り多《おお》い人生《じんせい》を歩《あゆ》むことを心《こころ》より願《ねが》っています。

小学館ジュニア文庫編集部